藤原辰史

食べること考えること

editorialrepublica
共和国

散文の時間

Soul of Prose

散文、というと耳慣れない印象を
抱かれるかもしれませんが、
かつて、日本のある作家たちのグループは、
「散文精神」をモティーフに掲げました。
それは自分たちが生きる時代の現実にたいして、
「どんなことがあってもめげずに、
忍耐強く、執念深く、みだりに悲観もせず、
楽観もせず、生きぬく精神」のことです。
このシリーズもまた、現在のような時代だからこそ、
そうした精神を共有したいと思います。

わたしたちをとりまく社会や文化の
さまざまな物事をめぐって、
ジャンルを超えた多彩な著者とともに考えながら、
ページを閉じたあとには自分と世界との関係が
新しく違ったものにみえる——
そんな同時代的な、
批評的なコレクションをめざしています。

目次

食べることと考えること

I

フードコートで考える　013

II

農をとりまく環境史

III

台所の未来

初出誌紙は各作品の文末に示した。

I

フードコートで考える

「食べもの」という幻影

せんせい、あのね、きのうおじいちゃんのおうちでこいをつりました。ぬるぬるしていて大きかったよ。おじいちゃんはこいをほうちょうで切って、おさしみとみそしるにしてくれました。でも、とてもくさくてたべられませんでした。おしまい。

＊

食べものとは何か。この問いに答えることは、じつは難しい。

たとえば、天丼。ぷりぷりのエビや新鮮な野菜がサクサクの衣に包まれていて、炊きたての白米の上に乗っている。しかし、これは、殻を引きはがし、頭と足をむしり取ったエビの死骸と、サツマイモやシイタケ、小麦、稲の一部あるいは全部をむしり取って生命を断ち切ったものの集合体である。

たとえば、ハンバーグ。切り分けるととろっと肉汁が出てくる。しかし、これは、屠殺した牛や豚の死肉を細かく刻んだ肉片に、バラバラに切り分けたタマネギの葉っぱの肥大した根元、鶏が産んだ無精卵の中身、そして、小麦の実の死骸を焼いて乾燥したものを加え、捏ねて、熱で変質させたものである。

天丼もハンバーグも大好物で、なかなか先入観を崩すことができない人は、ピーター・グリーナウェイの映画『コックと泥棒、その妻と愛人』(一九九〇)を観るのもよい。泥棒の親分と手下たちの、高級レストランの雰囲気に似つかわしくない下品な食卓談話を聞き、食べものを吐き出すふるまいを眺めながら、食べものと排泄物・吐瀉物はどこで線が引けるのか、と考えることもできる。体外の液体および道具によって化学反応を加えた食べものと、体内の器官および液体によって化学反応を加えただけの排泄物・吐瀉物とは、どこか違うのか。そもそも、人間が食べものからできているとすれば、人間も食べものではないか。こんなことも、泥棒が殺した妻の愛人の死体を食べたあと、妻に射殺されるあのラストシーンから考えてもよい。

映画よりも本が好きという人には、マイケル・ポーランの『雑食動物のジレンマ』(ラッセル秀子訳、東洋経済新報社、二〇〇九）を勧めたい。植物も動物も食べることができる人間にとって、つぎの日に何を食べるかを決めることは必至の悩みである。しかし、確固とした食文化がないと言われるアメリカの消費者は、栄養学的な言葉に装飾された広告のいいなりになって、プロテインバーをかじり、サプリメントを飲んで健康になろうとする、とポーランは嘆く。一方で人間は、本来は飼料としてふさわしくないトウモロコシを食べて胃の中が酸性になり（通常は中性）、不調を来たし、腹をかきむしり、土を喰う牛の肉を、放射線でO157を滅菌したうえで食べる。いったい何をしているのかよく分からない現在の食の世界のなかで、他の生物を殺すことでしか、その殺すことの嫌悪感と向き合うことでしか、本当に美味しい食にはありつけない、という真実と、ポーランは、狩猟をしたり、鶏を屠殺したりしながら、向き合う。

要するに、食べものとは、叩いたり刻んだり炙ったりした生きものの死骸の塊なのである。

読者の食欲を減退させることがここでの目的ではない。目的は違うところにある。食べものは、祈りにも似た物語がなければ美味しく食べられない、という事実を確認するためだ。わたしたちは「食べもの」という幻想を食べて生きている。ただ、やっかいなのは、幻想であるがゆえに物語が肥大化することだ。

＊

一つは、「見た目」という物語である。

『朝日新聞』の朝刊（二〇一二年十二月二十六日付）に「見た目重視　消える地方野菜」という、金沢市の農家の取材記事が掲載された。大根は、指一本入るほど曲がると「秀」から「優」に格下げ。値段も二割から三割安くなるという。黒いシミができたり、割れたりすると「良」や「規格外」に落ちる。味はまったく変わらないのに、見た目で食べものの価値が決まる不思議な社会にわたしたちは生きている。「野菜は見た目が九割。きれいな野菜は消費者によく売れる。量販店は形が整い、日持ちがするものをほしがる。ここだけの話、味は二の次」。大阪市中央卸売市場の野菜卸売業者のこの告白は、現代日本の食のあり方をそのまま映し出している。農村や都市の直売所などでは、現在はこうした見た目の悪い野菜や果物を売っている。これは、消費者のなかにも、何かが過剰であることに気づきはじめた人が増えている証拠だろう。

この記事が優れていると思ったのは、均質で収量の多い品種、最近ではとくにF1品種（異なる品種を掛け合わせて作った種の一代目は均質かつ多収量である）の席巻で、在来品種が次第に姿を消しつつある、という事実まで言及していることだ。東寺かぶ、滝野川人参、砂村丸なすをはじめとする在来品種の絶滅した時期は、戦時中から高度経済成長期にかけてだ。いびつな野菜たちは、市場では売れない。綺麗で、安全で、汚れのない食べものは、まさに工業製品のようである。ここには、食べものの由来の記憶を殺そうとする欲望が隠されているように思えてならない。

＊

二つ目に、偽装という物語である。

食品偽装はもはや日常茶飯事だ。産地偽装、原材料の虚偽記載、不純物の混入。腐れかけた食材を新鮮に見せたり、有害な物質を加えたりして、消費者の健康を害することさえある。ビー・ウィルソンの『偽装された食　毒のお菓子からニセコーヒーまで――食品偽装の暗黒の歴史』（二〇〇八＝邦訳『食品偽装の歴史』高儀進訳、白水社）を読めば、それがどれほど危険で、非人間的であるかに怒りを覚える。そして、そうした偽装を暴き、闘った人びと、たとえば、一八二〇年ごろのイギリスで、化学器具を用いて食品偽装のからくりを公衆に暴いたフレデリック・アークムや、小説『ジャングル』を執筆して、シカゴの食肉工場の労働者の悲惨と作られる食品のひどさを告発したアプトン・シンクレアは、まさに勇者として讃えられるべきだろう。食品業者が消費者を騙すという行為が、世界から消えてなくなる日をわたしは待ち望んでいるし、そのためにも、味蕾《みらい》を毎日鍛えておかなければならないだろう。

ここでも、さきほどの「秀」の大根と同質の問題が潜んでいる。食べものに、過剰なパッケージと、過剰な添加物と、過剰な広告費を投入している現在の食品企業のおかげで、消費者は食品から生命を抹消できるようになっている。腐るのが自然で、病原菌がついていても不思議でない生きものの死骸に、潔癖な清潔さを求めている。

＊

最後に、差別という「物語」である。

肉食が穢れであるという仏教思想が支配的だった日本において、家畜から肉や皮を採る仕事は「賤業」とみなされてきた。いまなお、食肉が加工される過程は多くの人の目に触れることが少ない。

しかし、たとえば鎌田慧の『ドキュメント　屠場』（岩波新書、一九九八）が克明に描いているように、食肉加工に携わるには、すさまじい訓練と体力と知力が必要になる。一つ一つの作業に、一人一人の個性がでてくる。熟練者がさばくスピードと的確さは、賞賛の的であり、尊敬に値する。プロ野球選手と食肉加工に携わる人と、どちらが賃金を高くすべきか。市場は、野球選手の仕事に何百倍もの価値を見いだす。果たしてこういう構造は健全なのだろうか。

＊

では、どうすればいいのだろうか。幻影を捨て去ればよいのか。だが、それでは絶食して死を待つしかない。ならば、肥大化する物語を制御すればよいのか。これは現在の食品流通システムの巨大さを前にして、そう簡単にはできない。ならばこれはどうだろう。食品企業の作る物語に新しい物語を対抗させて、食べものを食べる。物語に物語を対峙させるのである。

わたしは、食べものをめぐる物語の抗争において緊急に必要なのは、「食べもの」を見直すことより以前に「食べること」の制度の再設計だと考えている。物語を生み出す、装置のようなものだ。現在、生きものの生命を奪う場所と、その亡骸を美味しく食べる場所があまりにも遠く離れすぎていて、食の物語が分断されている（だから三〇秒のCMになりやすい）。そのかわりに、田畑、魚市場、湖、池、直売所や食肉加工場といった場所の近くが、食べることの拠点になる社会を設計する。たとえば、安価で美味しい食事が可能な公衆食堂を設置する。そこで、生命が奪われていく過程と生命が育っていく過程を近接させ、生命が奪われていく過程に携わる人びとと、奪われていった生命を自己の生命維持のために取り込む人びとを交流させ、融合させようと努力することで、「生物のサイクル（循環する物語）のなかで生きるわたしたち」を確認するのである。

さらに、この公衆食堂には歴史が流れている。地元のお年寄りたちのレシピを聞き書きし、データベース化したうえで、それを孫ほど年の離れた料理担当者たちが改良し、再現する。または、地元の伝統野菜をふんだんに使った料理が出される。年間行事に合わせたお菓子や料理が復活し、ふるまわれる。テーブル越しに世代間を越えた交流が生まれる……。ドイツ語の物語《ゲシヒテ》 Geschichte は、歴史という意味でも用いられる。料理の物語が支配的な物語と拮抗し、あわよくば支配的な物語を塗り替えていく。

あるいは、そこに、ひとりで食べにくる。誰ともしゃべることなく、ただ、カウンターに座ってマンガを読みながら黙々とごはんを食べる。ここには物語がない、という批判もあるかもしれない。食育的観点からすれば、これは孤食であり、批判すべき現象である。だが、隣の人と話さなくても、とりあえず座っていることのできる、このゆとりに満ちた空間があることが、まず重要なのである。何回か通っているうちに、知り合いができるかもしれない。仕事の情報を得ることができるかもしれない。趣味の似ている人を見つけられるかもしれない。公衆食堂は、さまざまな文脈が交差して網の目のようになっている情報ステーションでもあるから、ただそこにいるだけで、地域社会が張り巡らせた糸に触れていられるのである。

これらは、「くびれができます」「女を口説けます」「カリスマシェフ監修の味です」「地球に優しいです」「北海道の雄大な自然のなかで育った牛からの恵みです」といった類の薄くて消えやすい物語とは、別の物語だ。たしかに、対抗する物語でさえ幻影かもしれない。しかし、本当に心に残る「食べもの」は、その来歴が、食べる人を圧倒させるものなのである――。

＊

小学生のころ、祖父の家に行くたびに池の鯉にエサをあげていた。エサは蚕のさなぎである。パラパラと播くと、すさまじい勢いで口をパクパクさせて寄ってくるのが可愛くて楽しかった。

ある日、祖父からその鯉を釣って食べるから釣りの準備をせよ、と指令が下った。ひからびた「アゴ野焼き」（トビウオの魚肉の蒲鉾）を針につけて、竹竿の先端からぶら下げ、濁った小さな池で、灰色の鯉がエサに食らいつくのを待つ。しばらくして、まるまる太った鯉が釣れた。これまでは、近くの土からほじくり返したミミズをエサにして小川に泳いでいるボラを釣るのが楽しみだったから、それよりも力強い鯉のヒキは格別だった。

祖父はわたしの釣った獲物をタモですくい、井戸水を張った桶ですこし泳がせる。二匹だったか三匹だったか覚えていない。しばらくして、コンクリートの流しのうえに大きなまな板を持ってきて、祖父は包丁で鯉を捌きはじめる。迫力に圧倒される。わたしの獲物の半分は鯉の洗い（つまり「おさしみ」ではない）に、もう半分は鯉こく（「みそしる」よりも正確な名称）に。食べるのを楽しみにしながら、じっと料理の過程を眺めていた。

夕食の食卓には鯉のフルコースが並べられた。ところが、わたしはがっかりした。泥臭くて不味かったからである。鯉こくのなかの鯉は、鯉の残骸でしかなかった。祖父はあぐらをかいて、お猪口を舐めなめ、おくびを連発しながら美味しそうに食べている。山奥の小作人のせがれであった祖父にとって鯉は貴重なタンパク源であり、ごちそうであり、それを孫に食べさせたかったのだろう。

その後、この家で同居することになったが、無口な彼とそれほど言葉を交わした記憶がない。だが、この体験は、祖父が亡くなったあとも、ずっとわたしの頭から離れない。

数年前、ある居酒屋で鯉の洗いをおそるおそる食べたが、あまりにも美味しくて驚いた。あの泥臭さはなんだったのだろう、と頭をひねりながら、鯉という「食べもの」の物語に、しばらく酔うことができた。

（『世界思想』四〇号、二〇一三年四月）

食の空間論　フードコートで考える

一、食を場所から考える

最近、巷を賑わせている食や農をめぐる一連の議論は、固定した家族像を前提にしていることが少なくない。「愛情のこもった手料理」を推奨する食育は、朝から晩まで働くシングルの父や母にさえ手作りの料理をつくらせようとする。いや、そういった空気を醸成する。ひとりぼっちで食卓に座ってテレビを観ながらご飯を食べている小学生の絵を取り上げて家庭の崩壊を語ることは、働く時間を自由に選べない父や母に、その小学生がお腹をすかせているときに仕事をすることへの小さな罪悪感を毎日押しつけ、父や母を食卓に戻さない企業や工場や政府へのそれを軽減させている。

農村景観の自然の豊かさや美しさを唱える議論は、「田舎には何もない」とか「あの沿線は田舎っぽい」といった貧しい「田舎」観に対して有効ではあるけれども、しばしば人間の美的感受性を矮小化する。夕日に照らされる里山はたしかに清らかな心安らぐ風景だが、そう感じる人たちは、たとえば、古い団地のペンキの剥げた白壁を街灯の光が照らす風景が美しいという人の感受性や、大都市の歓楽街の早朝の道路に積まれるゴミ袋の山に魅惑される人の感覚を、やはり排除しがちである。自然の美への偏向は「不自然」な存在への蔑視を生み出し、前衛芸術家たちが試みようとする不調和・不穏の美を排除しようとする[1]。

大地に根をはやし、ミミズを友とし、農村の景観を愛し、オタマジャクシや赤トンボとともに生きる人間に、故郷を失い、国境を越え、商いに邁進する人間を対置させることがしばしばみられるが、その図式を大量虐殺の根拠としたのはあのナチスであった。ナチスにとって農民性や土着性はドイツ人の特徴であり、根なし草の感覚はユダヤ人のそれであった。もちろん、農村や漁村で自然と対峙することの厳しさや豊かさは、何度強調してもしすぎることはない。しかし、それに「サラリーマン・ジプシー[2]」という言葉を対置させたり、「都市への逃亡」だとして農村軽視をなじってみたりすれば、未来を担うべき農の思想がナチズムの枠内に落ち着いてしまうことになりかねない。感傷と陶酔を排した強靱な農の思想が求められなければならないのだ。

ならば、そろそろ、単純な対立図式を捨てる必要があるだろう。都市と農村、土着と遊牧、伝統と近代といった枠組みを取り払って、もう一度地球の表面を眺めてみよう。するとこ、食べものが沈殿したり、滞ったり、腐敗したりしている「場所」を発見することができるだろう。その場所には、もちろん、棚田や里山、「コンビニ」や「ファミレス」など、これまで注目されつづけてきた場所もある。だが、駅の売店、寝台列車の食堂車[3]、病院や大学の食堂、公園の定期的な食料無料配布所、各家庭の台所や冷蔵庫、祭りの屋台、「買物難民」のための移動販売車など、従来の議論からすれば幾分イレギュラーな空間も当然浮上してくる。こうした事例に目を向けなければ、偏狭な価値観を変えることはできないだろう。画一的な価値の無批判な受容から自由になるために、ここではフードコートという「食の場所」に立ってみたい。

ただ、このフードコートは統計的に把握するのが難しい。外食産業総合調査研究センター発行の『外食産業統計資料集』や三冬社発行の『食生活データ総合統計年表』などの統計書には、ファミリーレストラン、ファストフード、そば・うどん屋といったカテゴリーは存在するが、フードコートという言葉はいっさい登場しない。それはフードコートが飲食店ではなく、ショッピングセンターや空港などの施設が提供する場所にすぎないからである。面識のない個人や集団が一定の場所に集まり、出入りが自由なフードコートという空間は、ショッピングセンターと休憩所と店舗の狭間にあり、提供者である企業の意図からも遊離しやすい、なんとも不思議な場所なのである。

二、フードコート曼荼羅

品川区の大型ショッピングセンター地下一階の、コンクリートに囲まれた薄暗い自転車置き場に自転車をとめる。ここからフードコートへ直接行くことができる。入口付近には、ハンバーガー店のゴミ袋が山積みされている。自動ドアが開く。白色蛍光灯ですみずみまで照らされたフードコートは、水晶宮のようにまぶしい。出店しているのは十店舗。どれも安価なファストフード店で、フードコートのメニューを一五〇〇円程度にまで引き上げた高級フードコートや、ラーメンやたこ焼きなどコンセプトのはっきりしたテーマパーク型フードコートのような流行形態よりも、旧態依然としたオーソドックスなものである。とはいえ、人気はなお根強い。

十七時過ぎなので混雑はしていないが、それでも客席は七割が埋まっている。(4) 清掃係のスタッフがフードコートの柱に設置されている手洗い場で雑巾を洗う。二人の男の子が小型電子ゲームに熱中し、それを祖父が見守っている。サリーを身にまとった女性たちが、フードコートの一角を陣取り談笑している。

ここのテーブルはすべて同じ規格である。一本の支柱を四本の足が支えており、固い肌触りのプラスチック製である。横五〇センチメートル縦六〇センチメートル、板の厚さは二センチメートル。さきほどの女性たちの井戸端会議は、これを五つ連続でつなげ、二・五メートルの横幅のテーブルをつくり使用している。それほど重くないから、各々自由に分離結合が可能である。

たこ焼き屋では、中国人の女性が爽やかな笑顔でレジを叩いている（名札の名前から判断できる）。ドーナッツ屋にはアジア系の男性二人がレジ近くに立っている。外国人労働力がなければ、わたしたちは安価なフードコートの商品を享受できないのである。「牛丼新時代　牛丼二八〇円」という赤い旗で装飾された牛丼屋は専用のイートインコーナーを持っており、そこでは二人のサラリーマンが肩を並べて座っている。牛丼に卵をかけて、それを大きな口に箸でカツカツと掻き込んでいる。

背後が急に騒がしくなってきた。ベビーカーを転がす「ママ友」の集団である。ベビーカーを巧みに操る五人のママたちは、いきなり二つの小隊に分かれる。第一小隊の任務は、テーブルのセッティング。第二小隊から預かった荷物と娘たちや息子たちの安全を確保しながら、テーブルを並べる。第二小隊は、すでに第一小隊から要請のあった注文へ。ハンバーガー屋とたこ焼き屋から戦利品を運んでくる。そのあいだに、第一小隊の母親は、第二小隊の赤ちゃんたちをあやしたり、談笑したり忙しい。第二小隊が帰還する。お会計の時間である。各々、財布から小銭を取り出し、第二小隊にわたす。美しい連係プレイである。インド人の井戸端会議やママ友軍団の手を叩く音が、子どもたちが走り回り床からホコリが次々に産出されるフードコートにもわもわと響く。

ママ友たちの向こうでは、日本酒の一升瓶をラッパ飲みする赤ら顔のおじさんが、別のおじさんと談笑している。よく観察すると、それは日本酒ではない。緑色のプラスチックの容器に入った料理酒である。すでに半分なくなっている。このテーブルにはフードコートに出店している食べものはいっさいない。話し相手もレモンチューハイのアルミ缶をぺろぺろなめている。ちなみに、別の日付のわたしのメモ帳には、同じフードコートでカップラーメンをすする男性がいたと記入されている(5)。隣接する食料品売り場には電子レンジやお湯が設置されているから、簡単な調理も可能だ。

この近くにはオフィスビルが林立しているので、平日の昼は社員食堂化し、IDカードを首にぶら下げた人びとで溢れる。夕飯を過ぎるころになると、外国から来た奥様たちの社交場になる。子連れも多い。水を湛えたプラスチックコップを片手に突っ伏して寝ている老人もいる。休日は戦争である。家族が十一時半ごろから殺到し、十二時には満員になる。

喧嘩する夫婦の怒鳴り声、泣きわめく乳児、小型ゲーム機のボタンを叩く音、注文した品が完成したことを知らせる受信機のブザー音、女子高生の甲高い笑い声、これら複数の音が響き渡る光景に、ドーナッツやポテトを揚げる油の匂い、たこ焼きのソースの匂い、甘辛く煮た肉の匂い、消毒された飲料水の匂い、ウェットティッシュの匂いなどが加わって、フードコートはまさしく現代社会の曼荼羅の様相を呈している。

三、フードコートとは何か

では、フードコートとはいったい何なのか？　発祥の地はアメリカである。雑誌『ショッピング・センターズ・トゥデイ』によると、都市開発を手がけてきたローズ・カンパニーという企業が、一九七一年のアメリカ東部のペンシルヴェニア州プリマス・ミーティングのショッピングモールでの失敗のあと、一九七四年三月に同じく東部のニュージャージー州にあるパラマス・パーク・ショッピングモールに、ファストフード店を並べて成功したのが起源だと言われている。(6)コート（中庭）という言葉に表わされているように、もともとはショッピングの合間に野外で休憩したり食事したりする施設であったが、いまは屋内型が多い。日本では一九九〇年代後半から、ショッピングセンターの一角に作られるようになった。はじめは、来客が簡単な食事をとる場所で「地味で雑然とした空間」[7]だったが、次第に店も多様化し、より美味しく、より清潔になり、ショッピング客を引き寄せるマグネットの役割を果たすようになっていく。

東南アジアにもフードコートに似た食堂施設がある。有名なものは、シンガポールにあるホーカーセンターである。ホーカーとは、もともとは翼を広げた鷹のように、総菜をいれた天秤を肩にかけて売る行商人たちのことを指していた[8]。彼らや彼女らは、街を歩いたり、一角に座り込んだりして、ラクサ（ココナッツミルクスープのライスヌードル）やホッケミー（五目焼きそば）といった料理を売る。ホーカーが集まるある通りは、夜の九時までは貧しい労働者や家族が立ち寄る場所であったが、九時以降はバーガールをつれたイギリスの海兵たちが酒を飲む場所になった。高温多湿な気候なので室内より野外で食べたほうが快適であること、イギリスの植民地化で大量の男子労働者を必要としたため、隣国からきた労働者たちが、自宅ではなく外で食べるようになったことが、ホーカーたちの増えた理由である。戦後の慢性的な不況によって底辺労働であるホーカーがさらに急増し、街はいたるところホーカーでいっぱいになる。ホーカーはゴミを路上や排水路に捨てるため屋外の衛生環境が悪くなり、露天の屋台は交通渋滞を招くため社会問題化していた。そこで、イギリス植民地時代は都市清掃局《タウン・クレンジング・デパートメント》によって、一九五九年の自治権獲得後は保健省《ミニストリー・オブ・ヘルス》によって法的に営業方法を管理する政策がとられたが、状況を大きく変えることはできなかった。だが、一九六五年八月のマレーシア連邦からの独立後、リー・クアンユーの開発独裁のなかで、市内に複数設置されたホーカーセンターにすべてのホーカーを強制的にまとめる政策がとられたのである。一九八六年には、一万五〇〇〇人にもおよぶすべてのホーカーの再配置を完了させ、海外資本を誘致する輸出志向型の国家に必要不可欠なインフラと公衆衛生を整えた。こうして「世界一清潔な国」と称される国に生まれ変わったのである。

このホーカーセンターに行ってみた。巨大な屋根が太陽の光と雨を防ぐ。通常の店では酒税が高いため高価なビールもここでは幾分安い。タイガービールとラクサを注文する。日本円で五〇〇円程度。中華料理や寿司、サトウキビジュースの店もある。作業服の労働者からスーツ姿のサラリーマンまで大にぎわいだ。また、国立博物館の近くにはガラス張りの最新型フードコートもあり、二十四時間営業でプリペイドカードも発行している。韓国、インド、マレーシア、日本、中国、メキシコ、ヴェトナムなどさまざまな国の店が軒を連ね、客層もサラリーマン、学生、子どもなど多様であった。ここのテーブルも自由に動かせ、透明なプラスチックの椅子は清潔感があった。どちらも食器は清掃スタッフが片づけてくれる。

いずれにせよ、ホーカーセンターで、強権的に空間を再配置してインフラを整備し社会問題を解決するシンガポールの開発主義を垣間見ることができた。

では、民間によって開発されたフードコートはどうだろうか。不動産業者やその企画者の側のとらえ方は実際にどのようなものか。日本の外食産業やスーパーマーケットの業界誌から情報を集めてみた。基本的には、フードコートは低迷するショッピングセンター業界のなかで元気の良い優等生である、という認識をどの開発者ももっている。開発者側の意図は大きく分けて三つある。すなわち、食の嗜好および食の形態の多様化への対応、レストランにはない敷居の低さ、そして、ショッピングセンターへの集客装置である。

ある商業コンサルタントは次のように述べる。「個食の時代といわれています。家族でありながら食事時間もバラバラ、食べたいものもバラバラな時代。ひと昔前は、食は家族が一同に会して同じ卓を囲むのが当たり前だったものですが、近頃はその家族体験そのものが希薄な子供まで出現する時代になっています。だからこそその外食というチャンスに、家族で、友達で、という語らいの時間を持とうとするわけなのですが、食の好みはバラバラでも利用できる食の場は？　という時代ニーズにピッタリのレストラン形態が〝フードコート〟であり、個食（個人の好みの食）で衆食（親しい人の語らいの場）を実現できるのがフードコートの支持力の強さではないでしょうか[9]」。

また、フードコートの開発を手がけている大手不動産会社の幹部は、「フードコートがコミュニティの場になっている」という問いに答えて、つぎのように述べている。「店でもないし、パブリックスペースでもない。多分、お客さまにとって敷居がとても低いのだろうと思います。例えばレストランですと、何か注文しなければならないですし、列ができると席に座っていても落ち着きません。ですが極端な話し《ママ》、フードコートでは何も注文しなくても、また自分は何か食べていても、連れの人は水だけだとか。おまけにフードコートでは各世代のいろいろなニーズに対応しています。ギャザリングスペースとして非常に微妙な位置づけの場所だと思います」。ショッピングセンターは「フードコートでお客様をお出迎えし、客導線の起点として捉えている」のである[10]。駅ビルや郊外型ショッピングセンターを開発した不動産業者も、ショッピングセンター内の「客の滞留時間のアップによる、他の物販店での買上率向上には欠かせない〝装置〟」だと述べている[11]。

以上のような企画者側の意図のなかでもとりわけ興味深いのは、「個食」と「衆食」の同時実現、という見方である。この商業コンサルタントは、家族という共同体にすでに亀裂が入っていることを前提にしたうえで、家族がコミュニケーションをとるとすれば、それはフードコートのような場所になるだろう、という。なぜなら、「バラバラ」な価値観、「バラバラ」な生活が、とにかく集合することができるほど敷居の低い「ギャザリングスペース」であるからだ。文脈はいらない。フードコートがきわめて現代的な食事の形態であるのは、「集まっている」という事実以外は何も必要としない場所だからである。

四、財布で投票する公共空間

ところで、客はそれほど意識していないだろうが、フードコートは自由な空間である。おしゃべりの自由、水を無限に飲む自由、手を洗う自由、商品選択の自由、テーブルセッティングの自由、子連れの自由、睡眠の自由、食卓に参考書を広げる自由。タバコ、宿泊、ペット連れ込み以外は、ほぼすべてが可能である。一方で、都市の食空間のなかにはこれらを禁止する施設が多い。子連れ禁止の高級レストラン、おしゃべり禁止のジャズ喫茶、メニューが表に出ていない料亭、水が有料なカフェ、ベビーカーが入れない喫茶店。これらのコードを一気に破ってくれる個人主義の極致が、フードコートにはある。食器を返すという最低限のルールさえ守れば、食卓マナーを守る必要はほとんどない。

さらに、フードコートは、主婦たちや主夫たちや一人暮らしの学生などを、日々の献立の決定、食品の購入、保存、調理、さらには食器洗いから解放する。各店舗が提供する食べものは、老いも若きも、男も女もそのどちらにも属さない性の人も、貧しい人も富める人も、何十種類の食べものの展覧会から、一つあるいは複数を選んで組み合わせ、一定の金銭さえ払えば、店員の笑顔つきで購入し、すぐに食べることができる。すべてのテーブルと椅子は同じ品質である。平等主義の極致もフードコートには存在する。

はっきりと自覚している客や開発者は少ないだろうが、いうまでもなく、自由と平等は市民社会の理念の中核にある。実は、アメリカで最初にフードコートを生み出したローズ・カンパニーはそのことを自覚していた。創業者のジェイムズ・W・ローズの側近はこんなことをいっている。――創業者はコミュニティー・ピクニック[12]のようなものを作りたかった。フードコートは公共空間《オープン・スペース》であり、ここでは「客はその財布で投票する」のだ、と。ローズは福祉事業にも関心をもち、退職後は慈善基金を創設し、貧民救済事業や子どもの養育事業に熱心に取り組んだという。こうした業績が認められて、一九九五年には当時の大統領ビル・クリントンから市民の賞として最高の賞である「自由の大統領メダル」を授与されている。市民に開かれた自由で平等な空間としてフードコートを発明したのは、政治家でも市民運動家でもなく不動産業者兼慈善家であった。これは、福祉が民間に委ねられる時代の到来を意味するばかりでなく、「食べる」という人間の本源的な生命および社会行為までも、経済活動が印象よく円滑に回転する空間のなかに組み込まれつつあることを意味する。

自由と平等と、不完全ではあるがセイフティネットまでも事実上実現しているフードコートは、しかし本当に市民社会の空間なのであろうか。[13]

そもそも市民社会とそれを支える公共空間は飲食とともにあった。カフェやサロンは、知識人たちが討論する場であった。彼らが執筆した本や冊子を通じて情報を共有し、それをめぐって政治の議論が戦わされた。ここに、コーヒーや紅茶を飲みながら世論を形成する場所が確保されたのである。だが、労働者の公共空間も存在した。居酒屋である。[14] 労働忌避者の逃げ場であり、喧嘩の温床であった居酒屋は都市にも農村にもあった。労働者たちはこの居酒屋に集まり、歌をうたい、踊った。そればかりでなく、市当局への不満をぶつけあい、議論し、ここから街へ繰り出し、暴動を起こし、それが革命へとつながっていくこともあった。当局は、労働者を怠けさせないために、あるいは治安維持の理由から居酒屋の営業時間を制限した。労働者の党を自称した国民社会主義ドイツ労働者党（ナチ党）もまた、飲食の場を政治空間としてとらえていた。ミュンヒェンのビヤホール、ビュルガー・ブロイケラーはナチ党の集会の会場でもあった。労働者たちが日々鬱憤を晴らす場所は、必然的に現体制への不満のはけ口となり、それを吸収した演説家の劇場であった。ナチズムは、ビールとたばこの匂いが立ちこめる労働者の政治空間で醸成されたのである。

では、フードコートはどうだろう。ここで政治演説をぶつ猛者はいない。新聞を読んだり、政治談義に花を咲かせたりする会社員もいないではないが、それも珍しい。自由と平等に満ちたこの空間にはしかし、政治が存在しない。そもそも、長居をする客は少ない。不動産業者の思惑通り、個人客は商品を食べるとすぐに去っていく。となりの席の人間の顔をすぐに忘れてしまう。不動産業者はこのようなスピーディーな集客装置を開発したのである。一方で、混雑していなければ長居は基本的に自由なので、都市社会に疲れた人びとの貴重な休憩所にもなっている。外国人が気軽に集まったり、ベビーカー集団がくつろげたりする数少ない場所であり、タオル一枚あればそれを枕に睡眠もできる。政治空間と飲食空間の分離と後者の膨張の果てに、財布の金が投票用紙＝市民社会の入場券になり、かくしてフードコートが完成するのである。

「どの店の前にも「サービスセット」や「今週のお薦め」の立看板や旗が並べられていて、生暖かい食べ物のにおいが満ちている。絶えず人がせわしげに行き来している感じが、由加さんは好きだという。ここに来るとほっとする。だってみんな、何も考えてないように見えるもの。食べ物って人を能天気にするひとつだよね。食べているとき、頭の中は空っぽ。その感じが好きなのと由加さんは言った」[15]――稲葉真弓の短篇小説「フードコートで会いましょう」の一節である。精神安定剤を服用している由加さんは、夫と一年別居中。主人公である帽子作家の女性は、末期ガンに冒された叔母が住む郊外の家に都心から引っ越してきて、そこで帽子を作っている。その家の近くの竹林で偶然、主人公は石を抱えてしゃがみ込んでいる女、つまり由加さんを見つける。その後、産婦人科で堕胎をした同じ女と再会、その後の交流を描いた小品である。由加さんは、「杏里」という小さな人形をつねに持っている。あまりにも軽いので、ビー玉をその人形の腹部あたりにいれており、それを指で転がすのが癖になっている。堕胎して出てきた小さな胎児も、自分の分身である杏里も、そして何より由加さん自身が重石を抱えないと人間社会から吹き飛ばされるような存在である。その由加さんがほっとする場所が、フードコートなのである。

フードコートは抽象的で、つかみどころのない非政治的空間、そして均質な空間である。多様なメニューを擁し、融通の利く営業時間の「レストラン」がパリで誕生したのは一七六七年三月で、市民社会の成熟とともにレストランは普及し始める。[16]だとすれば、フードコートは、呆然と街を歩き、感動なくモノを買い、味わうことなく食べものを胃袋に入れるだけの群集が君臨する時代を象徴する「食の場所」であるといえるだろう。

ならば、フードコートは孤立した人間や家族の、つまり、プライベートな空間の集合体に過ぎないのか。そうではない。フードコートは、世界中の人間、組織、社会のつながりの末端に位置する。フードコートを中心に線を結んでいくと、その線は、生産、流通、販売を経て、世界中のさまざまな人間をつなげ、やがて地球を覆う。うどん店のうどん粉はアメリカ、天ぷらのエビはインドネシア[17]、牛丼の牛肉はオーストラリア、ドーナッツの植物性油はコーン油とパーム油で構成されているが、前者はアメリカやブラジル、後者はマレーシアやインドネシアからの輸入であり、フードコートの自由を保障する食品は、コメと一部の野菜をのぞけばほぼ輸入品である。巨大な農業機械が動き廻るアメリカの巨大な農場や、マングローブ林を切り開いて作られたエビの漁場や、熱帯雨林を切り開いて作られたアブラヤシのプランテーション[18]や、そこで働く児童労働者たちからフードコートまでの距離はそれほど遠くない。

世界とつながっているのは食品だけではない。繰り返すが、フードコートの接客には外国人労働者も雇われている。中国、インドをはじめ東南アジア各国から来た労働者や留学生が、たこ焼きを作り、ハンバーガーを売り、フライドポテトを揚げる。彼らや彼女らは、接客用の日本語を話すことができるので、コミュニケーションに客の言語能力は問われない。フードコートの通常の客単価は七〇〇円弱であるが、ということは、入場料七〇〇円で自由と平等を享受したうえで、世界とつながることができるのだ。フラットな非政治的空間のなかで、客は、世界の無限の欲望に向けて放置されているのである。「頭を空っぽ」にしている場合ではないのだ。

五、フードコートで読書会を

以上で述べたように、フードコートには現在のみならず過去から延々とつづく食の問題が濃縮して存在している。考えようによっては、フードコートほど食について学ぶことのできるスペースはない。「食べる」ことの意味を広く深く考えさせられる空間である。

最後に、読者に提案したい。フードコートで読書会をやってみてはどうだろうか。料理酒を飲むおじさんからサリー姿の奥様まで、これほど開放されているにも関わらず討論も世論も生まれない空間に、あえて議論を持ち込む。文化産業によって文化がグロテスクに均質化されつづけるこの世界の、均質な照明と均質な机と均質な椅子に囲まれた均質な空間の、世界中に張りめぐらされた網の目の結節点で、無料の水をなめながらたこ焼きでもほおばり、友人たちと食とは何かについて討論するなんて、なかなか粋だと思うのだが。

註

（1）　エドワード・O・ウィルソン『創造——生物多様性を守るためのアピール』（岸由二訳、紀伊國屋書店、二〇一〇年）。昆虫学者でエコロジストである彼は、精神障害者は抽象画よりも美しい自然を描いた絵画を好むとしつつ、前衛芸術家の目的もまた心の平静であることを理解している、といっている。だが、前衛芸術とは、いつもある日常の風景に安住する心を掻き乱し、その不安から生まれるかもしれない見慣れない風景をとらえようとすることではないか。本書一三九頁の書評も参照のこと。

（2）　篠原孝『［新版］農的小日本主義の勧め』（柏書房、一九八七年）。石橋湛山の思想を手がかりに、戦前の日本における軍事的なものや大きいもののかわりに農的なるものや小さいものを対置させたこの論考は興味深いが、それだけに「農耕定着民族からサラリーマン・ジプシーへ」（一九三頁）という表現は安易すぎるだろう。

（3）　いまはほとんどみられなくなった特急列車の食堂車に関する考察は、加藤秀俊が『食の社会学』（文藝春秋、一九七八年）で試みている。

（4）　以下の記述は、二〇一〇年四月十日（土）一七時一〇分ごろの様子である。

（5）　二〇一〇年七月四日午前九時三〇分ごろの様子である。

（6）　“Rouse Left Mark on All Malls, Not Just His Own”, *Shopping Centers Today*, May 2004.

（7）　大輪烈「集客の柱にフードコート」『Venture link: new business creator』（一五巻一八号、二〇〇一年）二八頁。

（8）　以下、ホーカーセンターに関しては、大塚一哉ほか「シンガポールにおけるホーカー（行商人）

に対する政策の変遷に関する研究」『日本建築学会大会学術講演梗概集』（二〇〇七年八月）、大塚一哉＋木下光＋丸茂弘幸「シンガポールにおけるホーカーセンターの歴史的変遷に関する研究」『日本建築学会計画系論文集』（第七三巻第六二七号、二〇〇八年）を参考にした。

（9）　島村美由紀「個食と衆食のコラボを実現する〝フードコート〟という旬な食業態」『月刊不動産フォーラム二一』（不動産流通近代化センター編、二〇六巻、二〇〇七年）二九－三一頁。

（10）　若林瑞穂「SCのコンセプトを表現する場となった「フードコート」」『SC Japan today』（日本ショッピングセンター協会、二〇〇四年）一四頁。

（11）　早乙女和穂「SCにおける「フードコートテナント」の必要性」『FRANJA』（六号、二〇〇一年）五四頁。

（12）　とくに野外で、テーブルと椅子を並べ、安価な食事を購入し、食べることのできる簡易食事スペースのこと。

（13）　以下の議論は、篠原雅武『公共空間の政治理論』（人文書院、二〇〇七年）を参照にした。ここでは、均質化する空間（本章の文脈に引きつけていえば、フードコートもその一例である）に抗う公共空間のあり方が、ハンナ・アーレントとアンリ・ルフェーブルの議論を参考にしながら問われている。

（14）　喜安朗『パリの聖月曜日——一九世紀都市騒乱の舞台裏』（岩波書店、二〇〇八年）、下田淳『ドイツの民衆文化——祭り・巡礼・居酒屋』（昭和堂、二〇〇九年）。

（15）　稲葉真弓「フードコートで会いましょう」（『群像』六一巻一〇号、二〇〇六年）。同『砂の肖像』（講談社、二〇〇七年）に所収。

（16）　もともと「レストラン」とは、滋養に満ちたコンソメスープのこと。「元気を復活させるrestaurer」と同源の言葉である。これを売り出した店がレストランのはじまり。それが普通名詞化し、現在の用法となる。レベッカ・J・スパング『レストランの誕生――パリと現代グルメ文化』(小林正巳訳、青土社、二〇〇一年)を参照。

(17) 「東京でエビを食べることが、三〇〇〇キロ近く離れた海の色と海底の地形に直結している」。エビのトロール船の往来が激しく海底がツルツルになったアラフラ海で村井吉敬が抱いた感想に注目(村井吉敬『エビと日本人』岩波書店、一九八八年)。

(18) 岡本幸江編『アブラヤシ・プランテーション 開発の影――インドネシアとマレーシアで何が起こっているのか』(日本インドネシアNGOネットワーク、二〇〇二年)。「植物性」をうたう洗剤、チョコレート、アイスクリーム、コーヒー用クリーム、化粧品など、わたしたちの生活のまわりにはアブラヤシ原料の商品であふれている。その生産の現場で、どれほど危険な農薬が使われているかについて、このレポートは教えてくれる。

(……池上甲一+原山浩介編『食と農のいま』ナカニシヤ出版、二〇一一年六月

世界的展望なきTPP論争　「国益」という発想の歴史化を

机のうえに二冊の本がある。戦前の昭和恐慌期の農山漁村経済更生運動に起源をもつ農山漁村文化協会の出版した『TPP反対の大義』（二〇一〇、以下『反対』）と、経団連会館に本部がある二一世紀政策研究所が出版した『日本農業再生のグランドデザイン――TPPへの参加と農業改革』（二〇一二、以下『参加』）である。

二〇〇九年から一三年まで、東京大学の農業資源経済学専攻、つまりTPP（環太平洋経済連携協定）賛成派と反対派の農業経済学者が共存する刺激的な職場で勤務していたこともあり、わたしはこの二冊とも拝受するという幸運に恵まれた。前者は、主として農協や市町村会の後押しでTPP反対派が結集して作ったパンフレットであり、後者は経団連の研究所が主としてTPP賛成派を集めて研究助成し、その成果の報告会の報告書である。

『反対』は、二〇一〇年十月一日の所信表明演説で民主党の菅直人がTPPへの参加を打ち出したことがきっかけになっている。それ以来、首相や与党が交代しても、政府のTPPへの姿勢は肯定的であった。現在も、TPPの妥結をめぐって安倍政権は前のめり気味である。米、麦、砂糖、牛肉・豚肉、乳製品の重要五品目を、アメリカの全品関税撤廃の圧力から守ることは自民党の選挙公約だったが、交渉の現場でどこまで主張できるかは依然として不透明だ。アメリカは、中国の経済的存在感のまえでアジアでのプレゼンスを守ろうと躍起になっている。

『反対』と『参加』はどちらもTPPが日本農業に及ぼす影響について議論している。キーワードは「農地の集積」と「地域社会」。TPPは、加盟国に品目を問わずに関税の撤廃を求めるから、必然的に国際市場の競争に勝てる農家の創出が政策課題となる。投資力のある農家は、離農者によって手放されたり、高齢者が利用できなくなったりした土地を買うか借りるかして集積できる。農業にも一定の「規模の経済」が働くから、これで農業の合理化を進めることができる、というわけだ。日本の農業は、昭和一ケタ世代のリタイアと後継者不足、さらに耕作放棄地の増加によって危機的な状況に陥っているが、『反対』はこれを農村人口が減少するゆえに農村社会の崩壊の危機ととらえ、『参加』は土地流動化と農業の大規模化のチャンスととらえている。『反対』も、このまま小規模農業の温存ではやっていけないとして、地域社会を分断させない程度の温和な土地集積を訴えているが、『参加』は、企業など外部からの参入も含め中核農業経営体を地域の「機関車」として位置づけ、ラディカルな土地集積を進め、国際競争力をもった農家を育成するというヴィジョンを持つ。この二冊の議論は、TPP反対派と賛成派の意見をそれぞれ代表しているとみてよいだろう。

この二冊を比べてみて興味深かったことは、主として二点ある。

第一に、『反対』はTPP賛成派の議論を相容れないものとして猛烈に批判する一方で、『参加』はTPP反対派の議論を学び包摂するかたちで組み込んでいくしたたかさがあることだ。たとえば、『参加』は、地域社会の崩壊という反対派の議論に先回りして、親戚にだけ米を作る小規模農家の存在を認め、観光や環境保全など農業の多機能的役割をきちんと評価したうえで、地域の活性化を訴えている。「大規模農家、大規模水田複合経営をすることによって、そういう〔隣から毎日お茶を飲みに来るような〕おばさんたちの就業の場はいくらでも確保できる。むしろ経営者にとってもフルタイムで雇う必要がないわけですから、パートでやれるならそのほうが便利ということにもなりましょう。野菜を始めると、苗づくりがどうしても重要な仕事として出てきます。苗づくりは集約的な仕事ですから、じっくりと老人のノウハウなどを入れながらやる必要がある」（大泉一貫）。揺るぎない経営者中心主義は気になるが、『参加』の議論が、『反対』が「地域を壊す」とレッテルを貼るほど農村嫌いではないことには、やはり注視せざるを得ない。

第二に、どちらも「国家」の枠組みを出ようとしないことである。周知の通り、第二次世界大戦後のGATT（一九九五年以降はWTO）が担う自由貿易体制の設立には、この戦争が列強の植民地を用いた保護主義によって引き起こされたという反省が背景にある。もちろん、これは十九世紀的西欧帝国主義への批判だ。TPP賛成派が国際的協調路線に訴えるのは、TPPの加盟によって食料自給率が熱量ベースでたとえ一三パーセント（農水省の推計値）に落ち込んだとしても、隣国との平和が保たれれば食料輸入ができるから、というだけではない。賛成論者が意識していなくとも、そもそも自由貿易の理念が上記のような国際協調主義に依っているからである。

だが、『参加』の議論には恐ろしいほどに「アメリカ」が登場しない。あくまで日本の国益という文脈でTPP加盟を支持する。他方で、これを「パクス・アメリカーナ」で「アメリカ帝国主義」だと非難する『反対』も、TPP反対は「我が国」の「国益」を守ることだと言い切る。関税撤廃後はすぐに外国産に席巻される沖縄（サトウキビ）

と北海道（乳製品）への目配り、さらに地域農業へのまなざしは『反対』の評価すべき点でもあるが、総じて国益論の枠組みに落ち着いている。こうなると、たとえば、九州島と朝鮮半島、沖縄諸島と台湾島、北海道とロシア極東といったような、国境紛争を超えたゆるやかな経済連携ネットワークを作るという発想は消えていく（博多から釜山までの距離は、博多から大阪までの距離の約半分である）。これでは、「日本」が強化されるばかりで、境界を揺るがせる食の潜在力を削ってしまう。すでに、農村住人たちの国際的な連帯運動は、進んでいるのにもかかわらず。

要するに、どちらの議論にも「世界」が欠けているのである。TPPに加盟するとどんな世界が待っているのか、あるいは、TPPを拒否したあとどんな世界を構築すべきか、どちらの論陣も曖昧である。『反対』の巻頭には宇沢弘文の文章がある。幅広い視野であり、それが反対派の「思想」を担っているのだが、「社会的共通資本」という硬直した言葉で農業の価値を説明したり、一高時代の「農村出身友人たちがもっていた大らかな人間性、たくましい生き方、そしてことがらの本質を鋭く見抜く高い知性とすぐれた感性に、ほとんど衝撃に近い印象を受けた」と賛美したり、農村出身のわたしでさえ首をひねる素朴かつドメスティックな議論が少なくない。内容がどれほど正しくても、この程度の言葉ではすぐに「賛成派」の議論に取り込まれていくことは、すでに述べた通りだ。

もちろん、TPPの加盟によって、外資が国内の食の生産に投資しやすくなり、遺伝子組み換え作物生産・輸入の制限が弱まり、食文化がますます画一化され、地元の食品加工業者がシャッターを降ろし、植物工場が増えていくことは、(結局福祉国家論的な結論に落ち着いているとはいえ)ナオミ・クラインの『ショック・ドクトリン』一冊あれば十分推測できるだろう。アメリカが、南米、ロシア、中国などでやってきた門戸開放は、地域経済の破壊と貧困の創造でしかなかった。それ以上に、現在の被災地が復興の名のもとに植物工場の実験場にされている風景をみれば、一目瞭然である。

しかも、こうした流れは、経団連のシンポジウムが的確にあらわしているように、良質な反対論さえ包摂するかたちで形成されてきたのである。この流れに抗するためにまずすべきことは、「国益」という発想を歴史化することにほかならない。国益を超えた世界的視座に基づく食と農の思想を「パクス・アメリカーナ」に突きつけることこそ、真の意味で「反対」という行為なのである。


(……『図書新聞』二〇一四年一月一日)

古くて新しい「階級」とは?

ヘンリー・バーンスタイン『食と農の政治経済学』

まず、二十世紀後半の「南」の諸国における農村の現状が読者に突きつけられる。

たとえば、タンザニア。コーヒーの木から豆を摘んで、果皮を砕き、干して乾燥させ出荷する女性が、安宿に泊まりながら出稼ぎをつづける夫に売上金のすべてをわたすが、夫はそれを飲食に使い、妻に暴力をふるう。

バングラデシュ。収穫の半分を地主に持っていかれる小作農が、農耕用の牛と犂を一日隣家から借りるために、隣家で二日も働く。

ブラジル。一〇〇〇ヘクタールの原生林が牧草地に変えられ、原生林のゴムの木に頼っていた樹液採集農民は生計手段を奪われる。

他方、農作物の輸出国である「北」の国々。アメリカの農民は大型機械で穀物を生産し、集中飼養施設に家畜を詰めこんで薬漬けにする。その生産物を安く買い叩き、膨大な広告費を使って「北」と「南」に売るのは、大規模展開を続ける大手安売りスーパーだ。

現在、世界の貧困者のうち四分の三は農村に住んでいる。農村の現状は厳しい。どうすればそれを打開できるのか。本書は、地主や大企業や国家を相手に世界各地で闘争を繰り広げる農民たちに希望を託す。これらの農民闘争の弱点を指摘しつつ、その理論的な鍛錬と加勢を試みる。著者は、農村の現実の複雑さを知れ、安易な図式に陥るな、と繰り返し説く。「小農」や「大地の人びと」という曖昧な枠組みをかざして闘えば、ポピュリズムに陥るからだ。「小農」と呼ばれてきたものは単一の社会集団ではない。著者によれば、小農とは、生活手段の商品化という現実に直面し、それをどう「切り抜けようか」と、対応に努めてきた人びとのことだ。だから、決して社会・経済的な利害が一致する集団でもなければ、エコロジー的生活を体現する文化的な象徴でもない。著者は、こうしてモラル・エコノミー論の陥穽を突きながら、農村のポリティカル・エコノミーに目を凝らすのだ。

ただ、農村の複雑さを知るための、究極の概念として用いられた「階級」という言葉には、一瞬たじろぐ。少し古くない？　と、こぼしたくなる読者を尻目に、著者は最後まで「階級」という概念を手放さない。「階級闘争史観」に依存しすぎて現場から乖離した農業研究書はすでに山ほど図書館に眠っている。「うんざり」という言葉さえ一瞬頭をよぎった。ところが、読後感は違った。階級というカチコチの言葉が、マルクスの信奉者ではないわたしにも有効に見えてくる。

それは、著者が、専門のマルクス経済学の理論を、その業界ではなく、広く読者に、とりわけ闘争の場に向けて解き放とうとしているからだ。帝国主義、本源的蓄積、階級闘争、搾取。これらの概念は決して古くはない。経済学者が、グローバリゼーションや格差という言葉に翻弄されているうちに、これらの概念を錆び付かせ、手入れを怠ってきたことこそ問題なのである。

なぜそれができたのか。これは、著者がマルクス経済学の理論を源流まで遡り点検しつつ、さまざまな理論を柔軟に取り入れているからだ。イングランドの資本主義発展の経路をモデルにすることを拒み、プロイセンやロシアはもちろん、東アジアの事例を重視する。つまり、商業的資本主義や国家や人種やジェンダーを強調しつつ、世界資本主義的観点を導入する。「不均衡な発展」を例外ではなく通常だとすれば、農村で「遅れている」と見えることは実は近代化の結果であるかもしれない。たとえば足立芳宏のドイツ農業史研究が描くように、農村世界は本来もっとダイナミックだ。地主、商人、小・

中・富農、土地なし労働者、男と女、奴隷と農園主、まずは、それらの多様な力関係の結節点として階級をみる。これだけで、階級概念は従来よりも四分の一程度、軟らかくなるだろう。

さらに、労働力が資本に包摂されていることを示すのに、「プロレタリアート化」(土地や道具など生産手段から労働力が切り離されること)よりも、生産手段と生活手段(食べものや家や衣服のようなもの)の商品化という指標を重視する。「小農」が、土地や農具を所有しているがゆえにプロレタリアートのお仲間に入れてもらえなかったという苦い歴史が示唆するように、「小農」も、貧しいクラスは、実は生活が隅々まで商品化され、プロレタリアート並みに厳しい状況に置かれてきたし、いまも置かれているのである。これで、階級概念は半分ほど柔軟になる。

あとの半分は? この本は階級概念の可能性を示唆したにすぎない。わたしも農村分析における階級概念の有効性を完全に理解できたわけではない。ここから、挑戦者は読者に変わる。たとえば、冒頭のタンザニアの例。自宅で妻に暴力をふるう夫は、搾取者であり被搾取者でもある。都市、農園、商社、先進国、さまざまなアクターがこの家族に交差する。わずか数行の説明でも、何重にも網の目をかけて分析する必要性に駆られる。このように、階級概念を鉄の物差しではなく漁網として使うことで、単純な対立図式のなかで硬直していた農村の現状認識をほぐしてくれる。そんな柔軟剤のような農業経済学入門書である。

（『図書新聞』二〇一二年十月六日）

未来のために公衆食堂とホコテンを！

――藤原さんが研究をすすめられている「農業史」とは、どんな学問なのかについて教えていただけますか。

藤原　「食べもの」と「食べること」を通じて歴史学や社会科学や人文科学を捉えなおしたいという野望がありまして。特に二十世紀の歴史に焦点をしぼって、食べものと人びととの生活との繋がりを中心に見ていくと、社会や政治が抱えている問題がつながってみえてくるんじゃないかと思っているんですね。

わたしは現代社会というのは住み心地が悪いところだと感じています。自分は楽しく生きているという人もいるかもしれないけど、その人でさえ、貧困や格差などの問題があるために楽しむことに後ろめたさを感じるような時代は非常に生きづらいと感じているんです。その根源を探っていくと、どうやら食べものがおかしくなっているのではないかという思いに襲われるんですね。

「食べもの」や「食べること」は、いろんな可能性を持っているのに、どうやら機能不全に陥っているのではないか。「食べること」が、もっと活きいきと活発化していくことで、今の社会が、もう少し楽しい方向へ進めるのではないかという現状認識があるのです。それを探っていくうえで現代社会だけを切りとっても、その場限りの視点提供で終わってしまう。

たとえば、わたしたちは携帯電話の恩恵を被っていますが、農業が始まってから現在に至る一万二〇〇〇年の歴史を一日ととらえると、携帯電話が流行っている時間というのは、ほんの数分です。携帯電話について考えるには、たとえば十八世紀の啓蒙時代に手紙が果たした役割を考えることで初めてその価値がわかる。食べものの問題も、これと一緒で、美味しいからとか、健康に良いからという理由で有機野菜を食べるという意見が多いんですが、歴史学の観点から、なぜ有機農法のブームが起きたのかを百年、二百年のスパンで見ていくと、その場限りの付け焼き刃的な思考や政策は陳腐にみえてくる。だから、歴史学的思考が必要なのです。

「食べもの」や「食べること」の歴史学というのは、これまでバラバラになされてきました。「生産の側」、つまり肥料やトラクターや農薬で作物を育てることで生産過程がいかに変化していったか。あるいは、こんな肥料を使えばうまく育つとか、こういう農薬を使えば作物の病気が減るというような科学の発達が、社会にどのような影響を与えてきたか。または、土地をめぐる権力関係として農業を見るというのが、今までの食をめぐる歴史学の主流だったわけですが、最近では、作った食べものがどのように人びとに配分されているかということも重要とされるようになってきた。さまざまな分野の方たちが「食をめぐる歴史」を研究していますが、わたし自身は「生産の現場」を研究することで、当時の農業の位置づけや、現在の農業の問題点を発見できるのではないかと考えて研究をすすめてきたんです。しかし、どうやら生産部分を見るだけでは有効なものになりえない。土や海から生みだされる食べものが胃袋に入り、排出され、土に還るまでを循環的にみていかないと何も生まれてこないだろうという考えに至ったわけですね。

ナチスとドイツと有機農業

そのような思考の流れから「生産の研究」をしたのが『ナチス・ドイツの有機農業――「自然との共生」が生んだ「民族の絶滅」』（柏書房）という本です。わたし自身も当初は、有機農業は未来に明るい希望を与えてくれるんじゃないかという考えを抱いていたんですが、どうやらナチス・ドイツの時代に大臣や一部の高官クラスのリーダーたちが有機農業に強い興味を示し、化学肥料を使わずに土地の力だけで作った食べものが健康に良いという考え方が生まれた。それまで経済と化学に支配されていた農業を解放しようという動きが起こったんですね。たとえば若者に奉仕作業をさせる援農隊を組織して、労働力の確保と教育的機能を発見するというように。

農村というのは文化を守る場所でもある。都会ではアヴァンギャルドな芸術が盛んだけど、ドイツの古い農村には民家とか民謡とか民話とかダンスなど古くからの文化を保護する機能もある。ドイツの純粋な文化は農村で守られてきた。そういう意味で農業を大事にする、あるいは有機農業を導入することによって、単に健康に良いというだけではなく、社会全体を構築しなおそうとする動きがナチス・ドイツで生まれた。実際は、ほとんどが中途半端で失敗に終わったわけですが……。

二冊目の著書『カブラの冬——第一次世界大戦期ドイツの飢饉と民衆』（人文書院）では、ナチスが政権をとる十四、五年前の話をしています。ドイツでは第一次世界大戦期に七十五万人が飢餓あるいは栄養失調によって命を失っている、という記録が残されています。なぜかというと、イギリス海軍の力によって肥料や飼料、食料の輸入が絶たれてしまったからなんです。しかも、当時のドイツの対戦相手はロシアとフランスだったのですが、ロシアとフランスからの輸入品もかなりあった。しかし単に人間の食べものを確保すれば良いわけではなく、家畜の飼料が絶たれることも危険なんです。日本の畜産業も基本的には加工型でアメリカやオーストラリアから飼料の輸入に頼っているので、家畜の餌が輸入されなくなったら大きな打撃を受けてしまいます。

第一次世界大戦期のドイツにとっての大きな問題は、肥料の輸入先を切られたことでした。当時、ドイツの自給率は八〇パーセント近くありました。しかし、肥料が入ってこなくなって生産力がかなり落ちてしまった。開戦まもないころのドイツは、こんなことになるとは考えていませんでした。男性は戦争に駆り出され労働力は減ってしまう。配給制にも慣れていない。壊滅的な影響を受けて、あたふたしているうちに貧しい子供や女性たちを飢えさせてしまう結果となった。

第一次世界大戦後のドイツでは女性にも参政権が与えられるなど民主的な時代が始まり、表向きは経済的にも安定するのですが、一九二九年に世界恐慌が起きて、食べることが難しくなってきたときに、人びとのなかに刻まれた飢餓の苦しみの記憶が呼び起こされた。そんななかでナチスは「もう人びとを飢えさせません」「子供たちにパンを与えます」という選挙活動を展開したんです。

――食の安心と引き換えに票を集めていったわけですね。食を「生産する側」と「消費する側」の関係が特殊な歴史を生んだということが良くわかりました。そのことについて二冊の本を書かれた後の今は、どのような研究をされているのですか？

藤原　ひとつは、ドイツの「家庭の台所」が、どう変わってきたかということです。十九世紀の半ばから、高度経済成長をとげるまでのドイツの台所がどう変わっていったかを見ていくと、テクノロジーの導入が大きな影響を与えているんですね。十八世紀まではは大きな炉で火をたいて、そこに自在鉤で鍋をつるして煮炊きしていたのが、だんだんカマドも小さなボックス型になって、石炭や木炭を燃やして調理をするようになる。さらに、エネルギー革命が起きて電気やガスが通るようになると、それに対応した調理器具が増えていく。そういう変化のなかで主婦の労働形態も、清潔になったり、コントロールしやすくなったり、いろんなものを同時に作れるようになったりするわけです。

アメリカの歴史書『お母さんは忙しくなるばかり――家事労働とテクノロジーの社会史』（法政大学出版局）で著者のルース・シュウォーツ・コーワンは、「科学技術を投入してキッチンがモダン化していくにもかかわらず、どうやらお母さんは忙しくなるばかりだ。これは、なぜだろう？」という問いを掲げています。電気コンロとか食器洗浄機とか、いろいろ便利な道具が導入されているのに、お母さんは、なぜ忙しくなったのか？

ひとつは、テクノロジーが、お母さんに新しい仕事を作り出しているからなんですね。それまでは洗濯も、週に一回まとめてゴシゴシ洗っていた。それが、今の時代は、ちょっと服が汚れたら洗濯機に入れますよね? わたしは学生時代に家賃一万二〇〇〇円のアパートで非常にエコロジーな暮らしを送っていて(笑)、一週間ぶんたまった洗濯物を共同洗濯機でまとめて洗っていました。つまり、テクノロジーが普及するにつれて家事が増えるわけですね。

食べものも、昔はひとつの大きな鍋でグツグツ煮込んで、それをみんなで取り分けて食べていた。そうすれば食器は少なくて済むし、料理の過程も少ない。ところが、コンロができて火力も調整できるようになると、お母さんはバラエティのある食事を作らないといけなくなってくる。しかも、国家からは「健康な男子を育てて健康な労働者を家庭から送れ」という要請が降りかかってくる。そうなると、「ひとなべ料理」だけでは気持ちがレストア(レストランの語源、「修復」という意味)されないわけです。そして、お母さんは、ますます忙しくなるばかりだ、というのが、この本の内容です。このように土や海や森から届けられた食べものの、最後のアンカーの部分で非常に面白い変化が起きている。そういう部分を見ることで食の現在の位置を見たいと思っているのです。

このような流れから生まれた、もう一つのテーマが「共同食堂」です。コーワンの本にも書かれていますが、家事の歴史研究をおこなう上で重要なのが失敗史です。テクノロジーが導入されて個々の家庭の家事は近代化したけれど、その一方で失敗もありました。アメリカでは、ある地区の世帯を一カ所に集めて、台所のない家が作られました。アパートの一階に共同炊事場をつくり、お母さんたちが交代で食事をつくる。そうすれば、お母さんたちも働きに出かけられるし、食材を一気に買い込んで大量の食事ができるからコストダウンもはかれる。みんなで同じ食堂で食べるので、和気あいあいとなって楽しくなる。そうやって家事労働の手間を減らすことによって女性は解放されるんだ、という動きがアメリカであったんです。しかし、結局はプライベートも大事だし、隣の奥さんの作る食事は不味いとか、育ち盛りの子供に冷凍食品で良いのかと、いろんな考え方がぶつかって失敗してしまったと、コーワンは書いている。

また、斎藤美奈子さんの『戦火のレシピ――太平洋戦争下の食を知る』(岩波アクティブ新書)は、戦時中の婦人雑誌を通して食の歴史を研究した本です。当時は薪も少ないので火力を一つに集めて、できるだけみんな集まって、料理を作って食べましょうということで共同炊事が流行った。そのころの雑誌のレシピとそれにもとづいて作られた料理の写真が掲載されています。戦争中の食事を扱う本は、当時と今の生活を対比させて、今の贅沢な暮らしを反省しましょうという主旨のものが多いんですが、彼女が優れているのは、耐えることや我慢することの尊さを学ぶという姿勢とは違って、こんなひどい食事が来る日も来る日も続く戦争は嫌だとはっきり言っているところなんですね。

このように「食を通じた歴史」の流れを見ていくことは、わたしたちが、なぜ、このような生活をしているのか、あるいは自分たちの未来を知る参考になるわけです。

脱原発と有機農業

――先日おこなわれた一般向けの公開講義で、藤原さんは「脱原発を目指すのならば、化学肥料に対しても批判が起こるべきだ」とおっしゃっていましたね。そのあたりについて詳しく教えて欲しいのですが。

藤原　かつてドイツのみならずヨーロッパには、飼育している家畜の糞尿を土に還し、それが肥料となって土を復活させ、そこに種をまくという循環のシステムがありました。それが十九世紀に工業化が進むにつれて、家畜がやっていた耕作の仕事を少しずつモーターが代わりにやるようになるのです。モーターなら肥料となる糞尿を出さないし、循環もしない。だから代わりに肥料をよそから調達しなければいけない。そうして農業の循環過程のなかに「機械」と「化学肥料」がはいってくるわけです。農家の人たちは、これまで両親や隣人に習ってきた農法や経営の手法を考えなおさなければいけなくなり、国家や学者の知識を新たに取り入れるわけです。

農学の父といわれたドイツのアルブレヒト・ダニエル・テーアは、十九世紀初頭に「農業の目的は利潤の獲得である」と宣言しています。農業というのは出来る限り合理的な作業をして効率よく金を得ることが目的であると言っているわけです。これは今でこそ当然と思えますが、当時は革命的でした。こういう考えも入ってきて、十九世紀から農業空間にはいろんな「外注部門」が加わってきます。機械工業が入ってくることで、村の鍛冶屋さんの農具のかわりに大量生産できる犂《すき》やモーター駆動のトラクター、蒸気機関の脱穀機などが使われるようになる。さらに日本では狭い土地でも使えるトラクターが発明されたことで、農業空間が機械工業の市場になってしまうわけです。

ドイツは農業が工業化するまでは、南米のチリやペルーから船で、グアノ、チリ硝石《しょうせき》といった肥料を運んでいました。肥料の三大要素は、窒素、リン酸、カリですよね。このうちの「窒素」についていえば、空気中の窒素に水素ガスを加え高温度・高圧力の化学反応を起こしアンモニアを合成するという科学技術が、第一次世界大戦が始まる前のドイツで確立されました。それが「ハーバー・ボッシュ法」です。それまで空中窒素の固定は細菌がおこなっていました。豆科の植物の根に付く根粒菌は、空中の窒素を固定して、植物を有用なかたちに変えることができます。休耕地に豆科植物のレンゲの種を撒いて空中の窒素を土中に増やす伝統農法がありますが、より大量に窒素を作ることのできる新たな技術が「ハーバー・ボッシュ法」でした。これには膨大な天然ガスが必要で、それがないと高温高圧という条件をつくれないのです。現在も主流として使用されているこの窒素固定法は、世界の化石燃料の枯渇化の大きな原因になっています。

――ハーバー・ボッシュ法は二十世紀のなかでも大きな発明だったようですね。

藤原　車の発明に匹敵するくらい大きな発明でした。第一次世界大戦開戦の三年前に、ライン川沿いの土地に世界最初のアンモニア合成工場が建てられました。アンモニアは窒素肥料の原料です。窒素肥料の製造工程は火薬の製造工程と一緒ですから、軍事的な要請と切り離せない。

問題は、野口遵《したがう》が作った「日窒コンツェルン」（日本窒素肥料、現在のチッソを中心とした財閥）です。もともと野口は発電事業に取り組んでいました。その電気を用いて、彼は熊本県水俣に石灰窒素の工場をつくります。ハーバー・ボッシュ法より前に使用されていた、ガザレー法という電気を大量に使用してアンモニアを合成する方法を用いていました。ですから、日窒コンツェルンというのは、窒素肥料製造会社と電力会社がセットになったような財閥ですね。電力を自家生産できることが強みでした。その最も大きな海外展開の事例が現在の北朝鮮、当時の日本の植民地であった朝鮮半島の興南というところでした。北朝鮮の急峻な山に水力発電所を作り、発電した電気で窒素肥料を生産することができた。そのおかげで米の生産量は上昇していくわけですが、窒素から肥料とダイナマイトの原料の火薬が作れるわけですから、当然ながら軍事進出のための一つの重要な拠点になるわけです。

敗戦後、朝鮮工場は日本から切り離されましたが、すでに第一次世界大戦前から稼働していた水俣の窒素工場では水銀が海に流されて、水俣病のような悲惨なことが起きてしまう。肥料が水俣病を起こしたわけではありませんが、チッソが肥料会社でもあったということは重要です。日本の農業を近代化するために水銀をたれ流す結果を生んでしまった。自然に無理をかける工業過程がなければ日本の農業も成り立たなかったわけですね。それが水俣病という、今の福島原発の前史といってもいいような公害・企業害を生み出したのです。

近代的で便利な化学肥料のおかげで生産力がアップして、そのおかげで、わたしたちはたくさんのご飯を食べられる豊かな社会になりましたが、土地には非常に多くの負荷がかかっているわけです。

原子力発電を批判するならば化学肥料を批判すべきというのは、自然や人間の生態にも負荷をかけてつくられた膨大な電気や化石燃料を使っている農業のあり方を変えることも検討しなくてはいけない、ということです。もちろん全員がやれとは言いません。全員が有機農業に染まるのは、ある意味で逆の意味での画一化ですから。

――有機農業というのは化学肥料を使わない。つまり電気や化石燃料を使わずに自然の力だけでやる農業ということですね。

藤原　有機農業というのは単に「健康に良い」とか「美味しい野菜を作る」というだけではなく、それ以上に化石燃料や電気に頼る近代文明総体を問うような試みであるということを価値づけてあげないといけないと思います。ある一部の信念や世界観を持った人しか有機農業ができないとかお金を持っている人しかオーガニック商品を買えないというういう状況では、頑張っている有機農業の農家や、それを評価しようとしている消費者にとってマイナスでしかない。有機農業が登場せざるをえなかった背後には巨大な資本や電気を投じて肥料をつくり、農作物をつくる農業の構造に対するアンチの思想があるのです。

――膨大な電気や化石燃料を使って農業をするやりかたを改めたほうがいいと。

藤原　人工的な方法としての農業を捨てることができないのであれば、できるだけ自然に負荷をかけない、水俣病のようなかたちで海や魚や人間にも負荷を与えることのない農法が必要でしょう。

たしかに日本の農業には農薬が必要でしたし、今も必要です。ドイツは日本と比べて植生も乏しく、害虫の問題もひどくない。いっぽうで日本はモンスーン気候ゆえに雑草が生えやすく、虫が発生する生態系なので、農薬を使わないのは難しい。農薬のおかげで人びとは這いつくばって草をむしらなくてよくなったわけですが、最終的には農薬のような危険な薬品を使わないに越したことはありません。それならば、よりラディカルな方向を目指していくほうがいいと思うんです。そのときの基礎となるのは、農薬は毒物で危険なものであるとか、農薬を用水路に流したら生態系が破壊されるとかいうような、日常に根ざした感覚です。最近では、化学肥料の多投による海や湖の富栄養化が深刻な問題になっています。

――科学技術に頼りすぎず、より自然に戻るというイメージでしょうか。

藤原　そうですね。循環、自然エネルギーを大事にする。日本の美しい棚田の風景でさえ、実は近代の産物、人為的な構造物なわけですから、これ以上は自然に負荷をかけないで農作物が作れるようにすべきでしょう。自然からいただいているエネルギー、太陽光や水や土壌の力に対して農薬を散布したり化学肥料でお返しするのは、おかしいだろうと思うわけです。なぜ、政治家や学者がもっと水俣の問題を振り返らないのか、不思議でなりません。

生態平和列島計画案

――以前の講義でお話しされていた「生態平和列島計画案」について聞かせていただきたいのですが。

藤原　震災と大津波と原発事故が起こり、いろいろな問題が浮き出てきましたが、これは今まで日本のなかで沈潜していたさまざまな問題が悲惨なかたちでわたしたちにつきつけられてきた、ということだと思うんです。こんな居酒屋談義のような話を講義でお話ししたのは、歴史をふまえない浮ついた提案がつぎつぎにメディアで濫造されていたことに腹が立ってしようがなかったからです。

そこで、まずは「異境になることを恐れない」。日本は小泉政権時代から観光立国を目指し、外国から観光客や留学生などを呼ぼうとしてきました。しかし、その数は増えないし、ましてや今は放射能事故が起こって観光客も来ない状況です。外国人観光客や留学生がまだ少ないのは、日本列島へ来ることが魅力だという気にさせる社会がないからです。これまで教育の現場では、突飛な考えというのは、ことごとく抑圧されてきた。これは大学に教師として在籍していながら感じることで、わたしにも責任の一端がありますが、日本には「普通の国でいたい」「普通の評価システムのなかで評価され、立派な人間になりたい」という人たちが非常に多い。また今の社会は年収で評価される風潮もある。それとは違うところでの評価の在り方というのを作るべきで、それは人間のみならず、国なり地域なり社会でも一緒だと思うんです。

わたしは国のために何かをやろうとは考えません。列島という言葉を使うのは、そういう意味なんですが、この日本列島とよばれる島の人びとが復興・復活し、新しい社会を目指すというのであれば、まず「普通の国」になろうとするのは避けるべきだと思います。

日本列島を住む場所としてより良くするための
生態平和列島計画

1. 所得税 & 相続税のアップ
2. 原発停止宣言
3. 公衆食堂普及宣言
4. 防衛省を防災省へ
5. ホコテン宣言
6. 世界の異境になることを恐れない
7. 都市計画の変革
8. 農林漁業の復興

自民党や民主党が今までやろうとしてきたことは、基本的には「普通の国を目指す」ということですよね。「普通の国」になるということは、先進国が持っているものを標準装備する、例えば世界に誇る大企業であり、どこの国でも通用するサラリーマンであり、世界に通用するようなスポーツ選手であり、原子力発電所であり、軍隊だった。その全部をひとまとめにして「普通の国になろう」というのが今までのわたしたちの価値観でした。しかし、それを捨てなければいけないほどの事件が起きている。津波で亡くなった多くの方はもちろん、風評被害で苦しんで自殺された方、その土地に生きていることが自分の存在証明であるような方たちが、津波の害を被ってもいないのに自分の住み慣れた家や土地を残して別の場所に移らなければいけない。これは本当に辛いことだと思うんです。これだけ悲惨な状況が起こっている以上、これまでのように「普通の国」に復興しましょうというのは、事故の現場を考えるにつけ、やはりまずいだろうと。だから、まずは異境になることを恐れないということです。

今回の原発事故で明らかになったのは、わたしたちは決して電力会社のために生きているのではないんだということです。さきほどの話の続きで言えば、台所の隅々まで電気が流れ、その電力が、さらに新しい市場を生み出している。お母さんが忙しくなるのは、電力会社によって新しい仕事が増やされたから。本当は必要のない電力を、原発が作って売る市場を生み出しているからです。もっと身の丈にあった生活を考え直すことで、わたしたちの社会の在り方を根本的に見直さなきゃならない。そのためには少なくとも国家は原発停止を宣言すべきだと思います。

日本は計画と宣言が苦手です。まずは原発を十年後までに段階的に停止することを決めて、太陽光、地熱、風力など、電気を発電する場所を分散させるべきでしょう。しかし、メガ太陽光発電とかメガ風力発電という発想では、原発と同じだと思います。原発より危険でないことはわかっていますが、ドイツや日本で風力発電のある現場に行ってみると、空気の波動が問題になっている。あるいは原発を止めて、その代わりに立派な太陽光発電所を作って送電線で電気を運ぶというのでは、今までのくり返しに過ぎない。これからは、やはり自給自足、地産地消でもいいんですけど、国民全員がジムに行くかわりに自転車を漕いで自転車発電をおこなうことは無理だとしても、小さな発電施設が分散するエネルギー政策の在り方が必要だろうと思います。

公共食堂とホコテンを

もうひとつは、最初に言いましたけど、どうやら、この世の中は生き辛い。なぜかというと、食べること、食の環境が充分に満たされていないから。いま世界で飢餓人口は十億人です。世界の人口は七十億ですから、地球上の七人に一人が飢えて死ぬかもしれない状況にある。「食べるもの」が然るべき人に行き渡らない世の中の状況は明らかにおかしいことです。

これは震災以前から考えていたことですが、津波や原発で土地を追いやられ、職を失う人が増えれば地域経済が下降へ向かうのは当然で、ますます多くの失業者が生まれる。

そうした人たちが居られる場所や雇用を確保するためにも、わたしが震災前から放談している「公衆食堂」「公衆の食べる場所」があったら良いと思うんです。

現代の食をめぐる問題の多くは家庭の主婦にその責任が押し付けられています。国家が主導で「食育」を推奨していますが、これも基本的には、家庭内の食を改善すれば社会や国家の食の問題が解決されるという考え方に基づいている。お母さんが働かずに家庭に入り、子どもをしっかり見てさえいれば、子どもは非行に走らないという家族中心主義が日本に根強くあるんです。お母さんがきちんと朝ご飯を与えていれば、子どもたちはキレないし、学級崩壊も起こらないという考えの傾向が往々にして見られるのですが、わたしは国の責任をすべてお母さんたちに押し付けるのは、あまりもひどいんじゃないかと思います。そうではなくて、人が生きていくうえで最低限の責任である「食べること」を共同的なオープン・スペースでおこなうほうが、ゆとりが生まれるのではないかと思うんです。

たとえば地域の自治体が、広場に簡単なテントやイスを並べて食堂を作る。そうすれば人びとは、そこに集まって、休んだり食べたり、そこには雇用も生まれるとも思うんですね。ただ水を飲んで寝ているだけでもいい。そのような公衆食堂、公衆フードコートのようなものが、これからの新しい社会を構想するときの、ひとつの拠点になればいいいと思っています。

旅行が好きな人は感じていると思いますが、異国を訪問する人たちにとっては居やすい場所が必要なんです。たとえばドイツに一人で旅行するときホッとできる場所は、悲しいことにマクドナルドだったりするんですね。ふかふかのソファがあって、机が動かせて、店員もそれなりに感じが良い。でも食べものは粗悪品です。人が寝そべったり、ご飯を食べたり、子どもとワイワイ喋ったりできる、それでいて地域独特の特徴が際立っている食べる場所があったほうが、訪問者はリラックスできて、しかもリピートしたくなる。

レストランに入るには身だしなみが必要だし、飲み物も注文しなくてはいけないけれど、千円以上かかってしまう食事を、せいぜい五百円くらいで済ますことができて、なおかつ地域なり社会なり国なりの特色を知ることができる場所。訪問をうける側に礼儀が発生しない、リラックスした開かれている場所。そういう場所があることによって、もうちょっと生きやすい世の中にできるんじゃないかと思うんですね。わざわざ道路や田んぼをつぶして作るのは大変なので、再利用でいいんじゃないかと思います。社員食堂を社員以外に解放したり、学校の給食室をオープンにするのも面白い。大学の食堂はすでに解放されていますが、もっといろんな人が来ても良いと思うんです。喋れるし、どれだけ長くいても文句を言われない。そんな誰もが羽を休められる止まり木としての公衆食堂を作るべきだと考えています。

これと繋がっているのが、「ホコテン」です。ヨーロッパの大きな駅から街の中心の広場に至るまでの道は、歩行者天国である場合が多いんです。そこには商用車しか入れず、人びとは道路の真ん中を歩き、子どもたちは走り回っている。日本も各地に歩行者天国を増やしていくことが必要だと思います。そうすれば公衆の食べられる場所も増えていくだろうし、デモもしやすいですよね。デモには広場と街路が必要なんです。日本人はそもそもデモが苦手で、変わった人がやるものだと思われている節がある。だからこそ食堂や歩行者天国のような、政治的な意見表明ができる場所を確保していくための空間デザインが必要だと思います。

防衛省を防災省に

これには異論も多いかと思いますが、脱原発を考えるときに、単にエネルギー問題で終わるのは気持ちが悪い。とりあえず今の世論は脱原発に向かっていく傾向で、それもある時期には必要だと思いますが、脱原発のための脱原発になるのは非常に危険で、それにはとても違和感を覚えます。脱原発の魅力。なぜ脱原発か？　を問い直さなければいけないと思うんです。原子力発電所を少し幅広く見て、自然に相当な負担をかけ、危険なことをして得ている原子力というエネルギー、電気の豊かさ、われわれが利益を得ている科学技術あるいはテクノロジーの総体に対しても疑問を抱かなくてはいけない。

そこで考えるべきは、原発とは、もともと何なのか？　ということです。あの核分裂のエネルギーが世界で最初に大量に放出されたのは広島でした。核分裂のエネルギーで人びとを殺すことができた。しかし第二次世界大戦が終わり核兵器は封印され、新たに核エネルギーが使われる場所として原発が登場するわけですが、そのような歴史を捉え直したときに、原子力発電所を批判することは核兵器を批判することと一緒だろうと思うんです。今の日本の原子力、少なくとも福島の原子力発電所の軽水炉は、世界初の原子力潜水艦ノーチラス号の技術移転です。つまり、武器の思想が、われわれが恩恵を被っている科学技術に影響を与えている、という状況です。戦争は科学技術発展の母だという言い方もありますが、戦争が起こることによって、ある科学技術の商標を有している企業が儲かるというシステムは、やはり武器の思想を肯定することと同じだと思うんです。原発が危険なのは、もともとは生まれたての赤ちゃんも含む人を殺すための武器の平和利用だったからで、その危うさは今も変わらない。脱原発後のことを考えたときに、兵器産業や戦争で儲かる状況、そのシステムを撃つような脱原発でなくてはならないだろうと思うのです。

今回の震災では自衛隊が大変活躍しましたが、基本的に自衛隊がやるべき仕事のうちでレスキューは副次的な仕事に過ぎないわけです。本来は防衛ですから。しかし日本は頻繁に災害にあってきた。新燃岳も噴火したし、阪神大震災もありました。アイスランドやチリなど世界各地でも噴火や地震などの自然災害が起きましたが、人びとはそれを軽視してきた。もっと英知を結集して、防衛費を防災費にまわすことができれば、災害に関して、より柔軟な対策ができるんじゃないかと、これは前から考えていました。そういう意味で極論ですけど、自衛隊を世界最高の人命救助隊にして、それによって国際貢献をすると考えることは、決して夢想でも妄想でもないと思うんです。

東京の人は福島と新潟の電力で暮らしている。沖縄の基地のおかげでわたしたちはアメリカと同盟を結んで、いわゆる外敵の脅威から守られている。問題はまったく違いますが、構造は一緒だと思うんです。沖縄の負担、福島の負担、あるいは新潟の負担、そういう地域搾取の構造を、もう一度きちっと問わなければいけない。わたしたちは沖縄のことを忘れがちですが、もう一度、その存在自体を問わなくてはいけない時期にきているのではないかと思うんです。攻めてくる人たちに対する訓練をするよりは、より専門的な災害隊、防災隊を作る。そうすることで国際貢献も含めて非常に大きな力を発揮できるのではないか、と――アメリカからは批判されるでしょうが。だから、「異境になることを恐れない」。そして原発を停止して、「公衆食堂」と「武器の放棄」。これらを有機的に考えるべきではないでしょうか。最大の仮想敵は災害なのです。そこに復興費用が賄えてしまうほど高価な戦闘機や戦車は必要ありません。

農林漁業の復興

最後に「農林漁業の復興」についてですが、今回の震災を契機にエコタウンや農村ユートピアのような、「大規模農業ができるスペースを確保する」という政策案が出ると思います。しかし、津波にあわれた方々、放射能で育ててきた牛や農地を放っておかなくてはいけなくなった方々のことを考えると、東京の人たちの妄想や夢想を投影してはいけないと思うんです。被災地の漁村や農村は白地図ではないということをわたしは強く言いたい。

――では、どのような政策が考えられますか。

藤原　日本の過去の歴史のなかで「満洲移民」という政策がありました。中国残留孤児と呼ばれて戦後に問題化した、日本の貧しい農村の人たちを中国東北部の満洲国と言われた傀儡国家に送り込んで農業をやってもらおう。そうすることによってソ連との国境を日本化して戦争に備えさせれば、国内の人数が半減するので農地が行き渡りやすくなるという運動を、東大や京大の学者たちが国家と結び付いてやったわけです。

中国東北部に住んでいた中国の農民たちや、朝鮮から渡ってきて水田を営んでいた人たちの土地を安い値段で買い叩いて、そこに貧しい農民たちを送り込んだ。日本で苦しんでいる人たちを救いたいという純粋な気持ちは今と変わらないと思うんですが、それを満洲国という青写真のもとに妄想を膨らませ、その結果として満洲開拓の悲劇が起きてしまった。

被災地に新しいユートピア、新しい村を作って農林漁業を復興させるというときには、地元の人たち自身がどういう場所に戻したいのか。戻すことが嫌であれば、どういう形に変えていきたいのかを、できるだけ現地の人たちから聞いて、たとえ合理的じゃないという決断を東京の学者がくだしたとしても、地元の人たち最優先で考えるべきだと思うんです。

目先を変えるだけのアイデアは不要だと思います。今回の震災や原発事故を通して、被災した地域が日本においては非常に重要な農業地帯で、わたしたちは、その地域で生産された食べものでしか生きていけなかったことが明るみに出たわけです。日本における農業の現状は暗澹たるものがあります。政府の統計調査によれば、農業の担い手が減り、みんな都会に流れてきてしまったので、放ったらかしの農地がたくさんある。農業従事者の高齢化の問題もあります。お米の値段も、どんどん安くなってきている。作っても儲からない状況があり、農村は非常に苦しい。

それに対して政策はどうなっているかというと、自民党時代は元気の良い農家を支援してリードしてもらおうという考えだったのですが、民主党が政権を握るようになってからはすべての農家に土地に応じて一定の個別所得補償を支払うようになったりと、農政がコロコロ変っている。このような状況では未来はないでしょう。少なくとも被災地の人たちが農業をやりたいといったときに援助できるシステムを徹底的に整える。資金援助、低利の融資、金利なしでもいいけれど、お金を貸し与えるシステムを早急に作るなどの徹底した国家からの援助が必要でしょう。単に地元の人のみならず、「地震で価値観変わったぜ、やっぱり農業だろ！」という都会の若い担い手の人たちが農業に参入できるようなシステムを国が整えることが、農村の復興、震災の被災地の復興に活気を与えるでしょう。

農業や漁業という仕事は、イチローよりも体を使い、アインシュタインよりも頭を使う、難しいけどやりがいのある仕事です。高校生や大学生の就職先にもっと農業や漁業という選択肢が増えるべきです。ただ、そのときに新しい人が入ってきて、震災でダメになった農地を新しい村にするのではなくて、もともと住んでいた人たちと話し合いの上でのことですけども。

——日本の食料自給率が一〇〇パーセントに近くなって、すべての食料を輸入に頼らない状況が、藤原さんが考える理想的な未来のかたちですか?

藤原　地産地消、各地域でとれるものを食べようという状況へ変えていかないといけないでしょう。でも、自給自足は、そんなに簡単にはできないと思うし、自給率を未来の目標にしていくのは反対です。むしろ結果としてついてくるもので、余っている土地や減反している土地を有効利用して、特に職を失った人たちが容易に参入できる食料の生産拠点を日本国内に作ることによって、日本でできた食べものを日本の住人が食べることができるようにするべきだと思います。

そのためには、消費のコントロールや関税の引き上げも考えなければいけなくなるんですけど、それは国家レベルの話であって、関税をあげて農業を守るという発想だけではなくて、土地でとれたものだけで公共食堂を運営していくのが理想です。そこには、かなりの労働力が必要となってきますが、こういう政治の理想が語れるところで雇用を作ることが政治に求められていると思います。自給率を上げるのではなく、近い場所で育てられた食べものを皆で一緒に楽しく食べられるという、非常に基本的なところが、わたしが考える理想なんです。他国からの輸入品を完全に排除する、コントロールするというのは、相当強い政府ができない限りは無理なので。

——美味しい讃岐うどんはオーストラリアの小麦がないとできないっておっしゃってましたよね。

藤原　それくらい日本は食料の供給を輸入に頼っているんです。しかし今回のような災害が起きて人びとが危機的状況に陥ったときでも賄える程度の最低ラインの食料生産量は、国が補助して守っていかないとダメだと思うんですね。これは『カブラの冬』でも伝えたかったことですが、危機が起きるきっかけは戦争だけじゃないんです。これだけの規模の災害が起こると食料の供給もストップしちゃうわけです。そんなときでも足りるような農地や農業生産力を確保しておかなくてはいけない。そのためにも、やはり各地に農業や漁業の生産地を、きちんと確保しておくべきでしょう。

——エネルギー同様に、食に関してもロバストネスにやっていけるような供給システムが必要ということですね。自給率を高めることだけが目的ではなくて。

藤原　自給率目標を先に整えちゃうと苦しいですよ。数値目標は苦しいですよ。国全体で回そうとするから関税や大規模太陽光発電を考えるんです。そういう時代はもう終わっているとおもいます。国家主導で大きなことをやるのは難しいので、もうちょっと小規模な地域やコミュニティ単位で回せるようなものを作って、それが各地に広がっていく、その結果として自給率が上がるかもしれないなあ、くらいがいいと思うんですよね。

＊取材・文＝TINTIN＋『スペクテイター』編集部、協力＝淵上周明（くくのち学舎）

（……………………………『スペクテイター』第二四号、二〇一一年十一月）

II

農をとりまく環境史

耕す体のリズムとノイズ　労働と身体

「身体」「肉体」そして「疲労」

労働すると疲労する。その大小はあるにせよ、これは事実である。では、このとき疲れているのは、果たして「身体」だろうか、それとも「肉体」だろうか。この問い自体、一見無意味に感じられるかもしれない。だが、少なくとも、日々の会話において頻出するのは圧倒的に「肉体疲労」という言葉だろう。「身体疲労」は、皆無ではないにせよ、それほど頻繁に用いられない。では、「身体疲労」という言葉にある微妙な違和感はどこから来るのだろうか。それは、「身体」と「肉体」の意味の相違からにほかならない。

たとえば、フランスの哲学者ジャン＝ポール・サルトルの言葉を例にとってみよう。彼は、一糸まとわぬ裸の踊り子の「身体」ほど「肉体」から遠いものはない、と述べている［一九五八］。王女サロメの裸体の乱舞を彷彿させるこの例を用いて、彼は、どれほど官能的な狂喜乱舞であるとはいえ、観る側を意識して制御された身体と、精神に制御されておらず「現前しているものの単なる偶然性」にすぎない肉体とを区別しているのである［市野川 二〇〇二参照］。「偶然性」とは、いわば手足がバラバラな状態である。ドイツ語の Körper と Leib、フランス語の corps と chair のあいだにも、日本語の「身体」と「肉体」とほぼ同様のニュアンスの違いがある。

ここでは、便宜上、精神によって制御されている体を「身体」、精神によって制御されていない体を「肉体」とし、さらに「体」を、両者をともに含める統合概念として定義づけたい。そう定義すると、疲労という現象がなぜ肉体と親和性があるのかはっきりするであろう。なぜなら、身体とは、ある技法を訓練によって体に覚え込ませ、無駄な動きを抑制し、疲労も最大限抑えることのできる体の様態をイメージさせるからだ。疲労とはむしろ、肉体から発現するものである。疲労が登場する舞台は、それゆえ、身体ではなく肉体なのだ。

ところが、現代の労働者は、肉体疲労とは異なる種類の疲労にも悩まされている。たとえば、人間労働の原初であり、農民にとって「一番苦しい労働」である「耕耘労働《カルチャー》」の歴史を考えてみると、さきほど述べた身体観および肉体観では説明できない奇妙な現象に突きあたる。肉体から発する疲労ではなく、精神によって制御されたはずの身体から発する疲労、つまり「身体疲労」である。小木和孝は、この疲労のことを、「ほどよい運動のあとのような」「さわやか疲労」と対比させて、「ぐったり疲労」と呼んでいる。

ここでは、この「ぐったり疲労」を「身体疲労」と呼び、「肉体疲労」と区別する。前者は、過労、とりわけ日本においては過労死や過労自殺にさえ結びつきやすい。以下、このとらえどころのない「身体疲労」が生じる由来を、農耕労働の機械化と疲労との関係を手がかりに考えてみたい。そして、ここでわたしが注目したいのは、農作業のあり方のみならず農業の体系そのものを革命的に変えたトラクターだ。

人力から畜力、そしてモーターへ

まず、耕耘技術の歴史を振り返ってみよう。

鋤《すき》や鍬《くわ》という道具を発明した人類は、はじめは人力で荒れ地を開墾し、田畑を耕した。あるいは、動物を飼い慣らすことを覚え、その畜力を用い耕耘と開墾をさせた。その後、家畜にひかせる犂《すき》の改良が進み、二十世紀後半になると、モーターを内蔵したトラクター

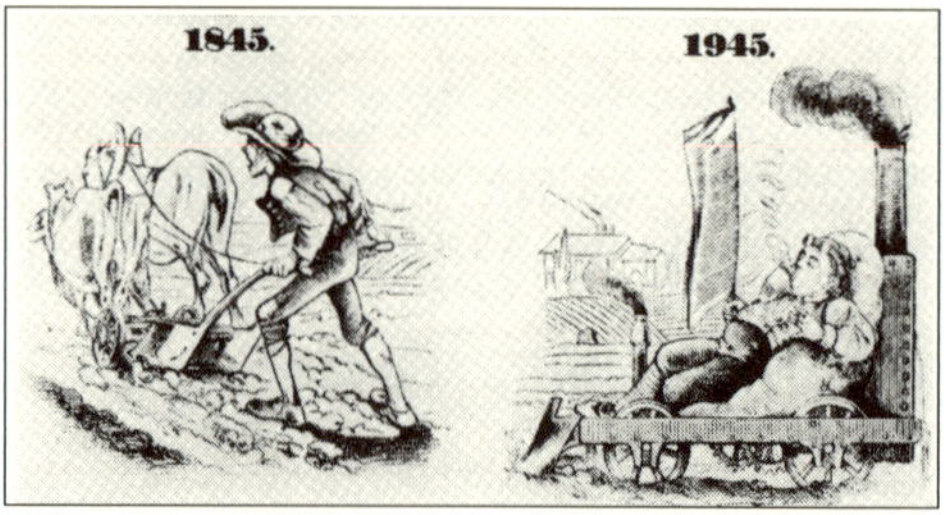

図１　100年で比較したパンフレット。農夫たちので体つきの違いに注目（Museum für Deutsche Volkskunde Berlin, Das Bild vom Bauern, 1978, S. 121 より）。

が牽引用の家畜を駆逐する。トラクターは、耕耘だけでなく脱穀や運搬などにも利用され、農村機械化の先導役となった（それとともに戦車の原形として戦争の機械化にも貢献した）。機械化が進むと、家畜の糞尿の代わりに化学肥料が用いられるようになる。トラクターの歴史は、まさに近代農業の発展を体現しているのである。以上のような農耕技術の発展のなかで、人間の肉体疲労は明らかに軽減する。人間の筋力から家畜へ、さらに、トラクターへと、力の源泉が移行することによって、人間の負担は減っているからだ。実際、トラクター登場前夜のドイツで、労働の苦痛と疲労から人間を解放するものとして期待されていたことを示す戯画がある［図１］。

たとえば、中国華北のある村に住む農夫の体験をみてみよう。この村は、耕耘技術の史的展開をわずか十年という短い期間で体験した。第二次世界大戦後、国民党と共産党の内戦の最中にトラクター技術を教えるため、中国にやってきたアメリカ人技師ウィリアム・ヒントンはその滞在記のなかで、韓達明《ハン・クーミン》という農民が村の集会でトラクター普及を村民たちに説く姿を克明に描写している。

「みなさん、この素手で犂をひいていたのも、そう遠い昔のことではない。わしは、両

図2　昭和18年度版『日本農業年鑑』(富民協会)に掲載された耕耘機の広告。「鉄牛」という文字が見える(和田一雄『耕耘機誕生』より)。

肩にまだ綱をひっぱったときの跡が残っている。そのあと鬼子《クイッ》〔＝日本軍〕を追いだして、土地を分配した。牛も手にいれた。しかし生活は十分ではない。今や鉄牛《ティエニウ》が四本足の家畜にとって代わるようになった」。

この「鉄牛」とは、中国農民がトラクターに名付けた愛称にほかならない。戦争期の物資不足と日本軍による略奪のなか、韓は、みずからの両肩に綱をまきつけ、犂を牽引し、土地を耕した。綱は韓の皮膚に食い込み、その痛みに耐えて耕作をつづけたのだが、そのころの肉体的苦痛からの解放への欲求が、日本軍からの解放された喜びとともに、まさに「鉄牛」に未来を託す原動力となっていたのである。

ちなみに、この「鉄牛」という呼称には、トラクターという未知なる機械に対する農民たちの対峙の仕方があらわれている。農民たちがこれまで慣れ親しんでいた「牛」という参照項を用いることで、ようやくトラクターを農作業に必要な何者かであると認めている点は、非常に興味深い。第二次世界大戦中の日本のトラクター広告にも「鉄牛」という文字がみられるし〔図2〕、ロシア革命後の農村では、トラクターが、信心深い農民たちに「アンチキリスト」の「鉄の馬」と呼ばれ恐れられた記録も残っている〔ワース 一九八五〕。

とはいえ、そこには「奇妙」な現実が待っていた。肉体的疲労や苦痛から解放する夢の機械、トラクターを運転することは、実をいうと、みずからの筋力で犂を牽くのとは異なり、何かとらえどころのない倦怠感に全身がぐったりする作業なのである。

それは、わたしがはじめて小型トラクターに乗車して一ヘクタールほどの田を代掻きしたときに感じたことである。父親から口頭で指導をうけたあと、早速運転してみた。運転中は無我夢中で疲労を感じる暇がなかったが、エンジンを切って降車した瞬間、作業着は汗でびっしょり、体は全体が軽くしびれ、肩や腕の筋肉が硬直し、頭が朦朧としている自分に気づいた。病気もなく健康であったにもかかわらず、その日は一日中、そして翌日も、はじめて体験する疲労感がなかなか抜けなかった。これは、田植えのとき、田植機が植え残した場所に手植えをすべく、一日中、田んぼのぬかるみを歩き回ったときの筋肉の疲労感とは異質なものだ。わたしは、運転に慣れない初心者特有の緊張感から来たのだろうとはじめは思った。しかしながら、どうやらそればかりではない。

日本ではじめて耕耘機の製作に乗りだした技師、藤井康弘は、一九二〇年代中頃にスイス製の手押し式耕耘機「シマール」を動かしたときの疲労感について、つぎのように述べている。「重くて、震動が激しいのだ。わずかの田を実験耕耘しただけで、ひたいも首筋も、作業服の下のシャツも、汗でびっしょり濡れてしまった」［和田 前掲書］。

機械の性能がいまほどよくないことと、作業者が操作に不慣れなことを考慮にいれなければならないとしても、藤井の「震動」という表現に着目せねばならないだろう。わたしの体験においても、トラクターのモーターの振動と騒音が不快であった記憶がある。

こうした疲労感の原因をはっきり理解できたのは、全国農業機械化研修連絡協議会が発行する『トラクターの機能と基本操作　初心者からプロ農家までのトラクター必携書』の「乗用トラクター安全作業マニュアル」を読んだときである。ここには、振動と騒音対策も重視されていた。「振動のひどいエンジン回転数を避けて作業すること」。「耳なりのするような騒音が発生しないようエンジン回転を調節すること」。この解説には、「エンジンの回転によってハンドルや座席の振動がひどかったり耳に残るような騒音が出る部分があります。このようなエンジン回転は、作業者にも、トラクターにも有害です」とある。つまり、モーターの発する振動と騒音が、運転手に肉体疲労とは別種の疲労を与えるのだ。それは後味の悪い不快さの混じった疲労感である。

しのびよる振動と騒音

この疲労は、いまや社会問題にまで発展している農業機械の事故の多発と無関係ではない。トラクターやコンバインを運転中の祖父が、騒音を発する機械の背後で孫が遊んでいることに気づかず、そのまま轢死させてしまう事故は、いまなおあとを絶たない。『トラクターの機能と基本操作』には、乗用トラクターの事故が、多少の変動はあるものの、全体として増えつづけ、一九九七年においては一六〇件を超えている日本の現状を伝えている。このマニュアルは、トラクター事故の割合が「欧米先進国に比べて」高い理由として、転落、転倒のほかに、上記のような事故に対する防止装置の設置が徹底していないことを挙げている。日本の山間部の狭い農地と細い畦という理由も考えなくてはならない。もともとの値段が高く、これ以上価格を上昇させないため開発の段階で安全対策に資金が投入されにくい農業機械は、道路のアスファルトを固めるバイブロプレートや振動ローラのような土木作業機械とならんで、最も危険な作業機械のひとつなのである。だが、それと同様に重要なのは、事故多発の「間接的要因」として「集中力の低下など、作業者の心理的・社会的要素」も挙げられていることだ。

この問題に正面から取り組んだ研究がある。芝野保徳は、「近代農作業は肉体労働から厳しい騒音環境下での精神活動に移行する」という問題意識から、『農業機械・施設の騒音が作業者の作業能率・精度に及ぼす影響』という研究報告書をまとめている。耕耘機が発する騒音をカセットテープに録音し、同じ大きさの音を流す環境下で、被験者にスタンプ押しをやってもらう。その作業能率と精度と疲労度を、作業の成績と心拍数の変化を調べることで数値化するというものである。その結果を、芝野はつぎのようにまとめている。騒音の種類よりもむしろ音の大きさによって、「作業者の能率・精度ともに確実に低下して」いた。さらに、「疲労度については、明らかに被験者の個体差があるが、被験者両名とも、騒音の大きさが増大するにつれて、その疲労度が増加して」いることを確認した、とも述べている。芝野は、振動については触れていない。しかし、騒音に振動が加わることで、被験者の疲労度はさらに増大することは想像に難くないだろう。

さらに、先の結果とともに、芝野の「精神活動」という言葉に着目したい。芝野は、農業機械を操ることを精神の活動であるとしている。しかし、このトラクターによる疲労を、精神疲労と表現するだけでは、実態の半分しか説明していない。というのも、冒頭の定義をそのまま用いれば、これはまさに「身体」の疲労であるからだ。身体とは精神に統御されている体である。だとすれば、トラクターに乗車する身体は、運転操作に慣れれば慣れるほど、それだけますます騒音と振動から逃れられなくなる。なぜなら、人間は、肉体疲労よりも身体疲労に対し注意を払いにくいからだ。

肉体労働が体に及ぼす影響は、直接作業者の生理に働きかけるため、抑制が利く。一方で、農民は、短期間でトラクターを操作し、それに没頭するうちに、機械を制御していると思いこみがちであり、そのなかで身体への断続的なダメージを意識する暇がない。

その分だけ、騒音と振動によって作業者の体にじわじわと働きかける意識しづらい疲労は、体内に蓄積し、運転手の集中力を奪い、最悪の場合、最愛の家族の轢死にまで発展するのである。労働の機械化がもたらすのは、「気疲れ」や「心労」というような精神面の疲労ばかりでない。「肉体疲労」や「精神疲労」の影で、「身体疲労」はゆっくりと人間の体を痛めつけるのである。

もちろん、振動と騒音は、疲労の最大の原因というわけではない。休息をとらないことや、四六時中四方八方に気を配ることと比べれば、振動や騒音は、疲労を増幅させる一因にすぎない。けれども、前者は運転者の訓練によってある程度抑制できるのに対し、振動と騒音はどんなに訓練しても決して逃れることができない。この「逃れ難さ」こそ、身体疲労の特徴である。「まだ大丈夫と思っているうちに、疲労がどんどんすすんでしまう」［小木 前掲書］というような、まさに、無間地獄なのだ。

唄による疲労の解消

この身体疲労が極めてやっかいな理由は、そればかりでない。

労働にはリズムがある。労働のリズムをつかむことは、労働技術を自家薬籠中のものにしたことと同義である。

農耕でいえば、このリズムは、「労作唄」によっても培われていた。労作唄とは、農民たちが共同作業を行なうさい、テンポを合わせるために全員で歌う唄のことである。たとえば、縄を張って早乙女たちを並ばせ、のちの除草作業を円滑にすすめるため等間隔に苗を植えていく田植え仕事においては、「田植え唄」が大きな役割を果たしていた。ある地方では、田植え唄の一節が歌い終わるまでにある特定の数の苗を植えていなくてはならないという暗黙のルールがあったり、唄のテンポを速めることで田植えのスピードを上げたりしたという。唄が、労働にリズムを与えるわけだ。

労作唄の機能はそればかりでない。宮内仁『日本の仕事唄』によれば、労作唄を作業者全員で歌うことには、単調な労働の苦痛を発散させる役割もあったという。

ところが、農業機械のうちでもとりわけ操作の難しい田植機となるとそうはいかない。苗の挿入部分の操作、苗と苗のあいだの狭い隙間に車輪を走らせるハンドル操作、ギアのチェンジなど注意を向けなければならない箇所が非常に多いことにくわえ、モーターの騒音がうるさく、疲労を唄で発散させることがほとんどできない。共同作業ではないため、労苦を分かち合う作業仲間もいない孤独な作業である。田植機よりは操作が容易なトラクターやコンバインでも同じことである。

この機械作業の孤独観は、小林旭が「赤いトラクター」（一九七九）で歌っている。「燃える男の赤いトラクター」という歌詞で有名な、このヤンマーのCMソングの一番は、「地平線に立つものは俺たち二人じゃないか」という歌詞で締めくくられる。「俺」とは、都会の「やつ」にふられ田舎に帰ってきた「燃える男」である。いまの彼の生きがいは農業である。だが、この歌には、「男」以外の人間は家族を含めいっさい登場しない。ここにあるのは「赤いトラクター」との閉ざされた「二人」の世界だ。日本の農民がひとりの「個」として産業社会で生きていくたくましさの裏返しとして、農業機械への従属が決定的となる戦後農村社会がこの歌には描かれている。

この孤独を象徴するのが耳栓である。近頃では、トラクターを運転するときに、耳栓の着用が推奨される。耳栓をつけるとつけないとでは、乗車後の疲労感はまったく異なる。しかしながら、この耳栓によって、機械と人間の共同性はほとんどなくなる。

この人間と機械の共同性に関して、さきに挙げたトラクター技師ヒントンは興味深いことを述べている。トラクターを丁寧に扱わない中国の青年にトラクターの扱い方を教えるとき、ヒントンはかれらが慣れ親しんでいるロバを例に挙げてこう述べた。「機械には多くの声があって、しかもみな一度にしゃべり出す。一つ一つ聞き分けてやる必要があるのです」。青年たちは、訓練をうけると、エンジンの音を聞き分けるようになったという。

こうした機械と人間の「会話」が成り立つのであるならば、耳栓は、その「会話」さえ成り立たせない。耳栓をしている限り、エンジンの音は部分的にしか運転手の耳に入ってこない。だからといって、すでに列挙したように、断続的な騒音は運転手にとって非常に有害であり危険だ。耳栓は運転者の健康のためにも欠かせない。この耳栓が体現しているのは、自己を守るために他人および機械との関係性を排除する、という近代農業労働の寂しさである。

リズムとノイズ

以上、わたしが主張したかったのは、リズムに制御された労働する身体には必ずノイズがついてまわること、そして機械化の進行によってノイズがさらに増え続けていることである。

政治思想家ハンナ・アーレントは、『人間の条件』のなかで現代における機械化の危険性についてつぎのように述べている。

「将来のオートメーションの危険は、大いに嘆き悲しまれているような、自然的生命の機械化や人工化にあるのではない。すべての人間的生産力が、著しく強度を増した生命過程の中に吸収され、その絶えず循環する自然的サイクルに、苦痛や努力もなく、自動的に従う点にこそ、オートメーションの危険が存在するのである。機械のリズムは、生命の自然のリズムを著しく拡大し、強めるであろう」。

ここで重要なのは、このひとつの文章のなかで「リズム」がまったく別の意味で用いられていることだ。「機械のリズム」とは、蒸気機関や内燃機関のピストン運動に規定される労働のテンポのことなのだが、「生命の自然のリズム」とは、自然界の物質循環のリズムを意味する。つまり、機械化の問題点は、生物がロボット化することではなく、植物、動物、人間のあいだの物質代謝のテンポが自動的に、そして急激に上昇することなのである。なるほど、農業機械は平坦で広大な土地を好むゆえに、人間はますます山を切り崩し、燃料を確保するため石油を掘りつづける。農業機械の登場が、ますます人間の自然への介入を激しく大胆にさせる。しかし、この論にはまだ補足が必要だ。

振動と騒音。これこそ、アーレントの労働論に付け加えるべき論点である。アーレントによれば、機械は人間の「苦痛と努力」を取り除く。たしかに、農業機械は、ぬかるむ田んぼに這いつくばる作業から人間を解放した。しかしながら、身体のレヴェルにおいては、機械登場以前にはなかったノイズが人間を苦しめている。肉体疲労は、飲食をしては排泄し、酸素を吸っては二酸化炭素を吐き出す生命のリズムのなかで癒されるのであるが、身体疲労はそうはいかない。制御されている身体であればあるほど蓄積しやすいのが機械のノイズである。ガン細胞のように、生命のサイクルが活発であればあるほど、ノイズは急速に体を蝕む。このノイズを考え合わせることで、労働の機械化が生命の循環を無限に増幅させるというアーレントの労働中心社会批判はますます重みを増すのである。

こうして労働のリズムと生命のリズムを関連づけるアーレントの視点を確認し、彼女の労働批判に補足を加えたところで、最後にわたしたちは、ノイズが機械から人間に移行するという事実を考えなくてはならない。

人間が機械に適応するなかで、ノイズは、機械だけでなく人間の生命のリズムからも発せられるようになる。トラクターから発せられるノイズは、たとえば、機械から離れたあとでさえ、人間のリズムを崩す。機械のリズムは、生命の新陳代謝や季節のリズムを拡大させるばかりでなく、身体疲労という生命のノイズを発生させる。こうして、耳鳴りや睡眠障害、頭痛のように人間の身体のサイクルからノイズが発せられるのである。

そして皮肉なことに、このノイズは、社会全体からみれば、労働の管理および監視に抗する小さな拠点でもある。労働する身体から発せられるノイズは、労働のリズムの拡大を幾分なりとも食い止める。運転手の生命にとって有害であるもかかわらず、いやそれゆえに、身体化される体への「もがき」になる。傷つき苦しむことでしか管理および監視される労働から逃れられないという、労働する身体の「行き場のなさ」。そこにこそ、機械と、そして規律化＝機械化させた自己の身体を操ってしか、顧客の尽きることを知らないニーズに対応できない現代の労働状況の悲惨さが、そして過労死や過労自殺まで生み出す素地が、はっきりと確認できるだろう。そしてまた、どれほど小さな農家にも高価であるが安全でない農業機械を売りつづける企業にとって、このノイズは、歯車の潤滑油にこびりつく砂のようになる。いまだ安全対策がきちんと施されていない農業機械が時間に余裕のない農家に絶え間なく供給される、という運動にブレーキをかけるのは、身体たちが発する各々のノイズの不協和な響きなのだ。

身体疲労が蔓延する労働の現場において、わたしたちは、いま一度耳栓をはずし、機械と身体から発せられるノイズに耳を傾けてみるべきでないだろうか。

参考文献

ハンナ・アーレント『人間の条件』（志水速雄訳、筑摩書房、一九九四）。

市野川容孝『思考のフロンティア　身体／生命』（岩波書店、二〇〇〇）。

小木和孝『現代人と疲労（増補版）』（紀伊國屋書店、一九九四）。

サルトル、ジャン＝ポール『存在と無　第二分冊』（松波信三郎訳、人文書院、一九五八）。

芝野保徳『農業機械・施設の騒音が作業者の作業能率・精度に及ぼす影響』（科学研究費補助金一般研究C「課題番号〇二六六〇二五五」一九九三）。

全国農業機械化研修連絡協議会編『トラクターの機能と基本操作　初心者からプロ農家までのトラクター必携書（改訂第八版）』（日本農業機械化協会、二〇〇二）。

ウィリアム・ヒントン『鉄牛——中国の農業革命の記録』（加藤祐三＋赤尾修訳、平凡社、一九七六）。

ハインツ・ハウスホーファー『近代ドイツ農業史』（三好正喜＋祖田修訳、未来社、一九七三）。

宮内仁『日本の仕事唄』第一巻、第二巻（近代文藝社、一九九九）。

ニコラス・ワース『ロシア農民生活誌』（荒田洋訳、平凡社、一九八五）。

和田一雄『耕耘機誕生』（富民協会、一九七九）。


（……………………………………**菊地暁編『身体論のすすめ』丸善、二〇〇五年四月**

トラクターがつくった二十世紀の物語

マリーナ・レヴィツカ『おっぱいとトラクター』

A　これからお帰り？　そういえば、このまえ勧めてくれたあの本、読んだよ。

B　この電車に乗るかい。だったら、感想を聞かせてくれ。

A　残念だった。なにが残念って、邦訳のタイトルが。原書のタイトルは『ウクライナ語版トラクター小史』。訳者のあとがきによれば、アマゾンがこの本を農業関連書に分類し間違えたという。この間違いが本当は大事だったのだ。クソ真面目な歴史学者がこの本に手をのばして、あれ違うぞ、でも読んでみるととまらない、というようなアクシデントを惹起するこのタイトルのほうがよかった。商売っけ丸出しのタイトルに変えたせいで、この快感を読者から奪ってしまったかもしれないのだ。

ちなみに三年前にシュトゥットガルトの本屋で平積みされた第七版をみつけ、『ウクライナ語版トラクター小史』というタイトルとキュートな表紙に惹かれて、このドイツ語訳を衝動買いしたんだ。分類違いこそ、読書という行為を創造的な行為に変える最大のチャンスなのだ――座ろうか。

B　相変わらずテンション高いね。だが君、それこそ頭のカチコチな学者先生ののたまうことだ。この邦訳タイトルに純粋に惹かれて購入したぼくみたいな健全なエンジニアが、満員電車のなかでウクライナの歴史を少し知ることができたのだ。この邦訳タイトルのおかげだよ。恥ずかしいからブックカバーが必要だけどね。目を三角にする必要はない。

A　まあ、タイトルのことはいい。この本は一つの大きなストーリーにさまざまな小話が差し挟まれていたね。ちょっと整理しよう。

大きなストーリーは、ヴァレンチナの話。時代は一九九七年ごろ。ウクライナからイギリスのフィーリクストウにやってきたバツイチの三十六歳で元共産党員。豊胸手術でこしらえた「双子核弾頭」で八十四歳の元トラクター技師ニコライをたぶらかし、偽装結婚をして、パスポートとヴィザと就労許可証をいただこうとするが、ニコライの娘たちの反対工作に苦戦、裁判でも負け、ついに元夫とウクライナに帰る、という話だ。

ニコライもウクライナの出身で、戦後、妻子とイギリスへ移住した男。妻の死後、その遺産をめぐって喧嘩をしていた娘たちは停戦協定を結び、二人でヴァレンチナの国外追放を画策する。父親のなけなしの年金をつぎつぎと「西側」の贅沢品につぎこむヴァレンチナに耐えられないからだ。猪突猛進型でサッチャーを崇拝する攻撃的な五十九歳のヴェーラ。大学で社会学を教えているフェミニスト、しかも途中で姉のヴェーラと共同戦線を張って「移民追放派」に変身する本書の語り手、四十九歳のナジェジュダ。ヴァレンチナにメロメロで、ときどき理解困難な発言をしてお茶を濁すニコライ。そして、ヴァレンチナをウクライナに連れ戻す、元夫でウクライナ工科専門学校校長のデュボフ。この五人を中心に展開するドタバタホームコメディーは、すこぶる軽快で、なかなか辛辣で、ほどよくお下品。これだけで十分に楽しめる。

それにしても、ソーシャルワーカーで長時間労働を強いられるヴァレンチナに、かつての学生活動家で、共産主義嫌いの父親にトロツキストと呼ばれ絶縁されそうになったナジェジュダが、本来の目的とは裏腹に、磁石のように惹かれていく過程は、印象的だった。社会の底辺にしがみついて生きていたヴァレンチナは、いい味を出していたね。

B　君はとことんマルキシストだな。年の離れた妹のいるぼくは、母親が身を削って貯めた遺産をめぐって血も凍るような喧嘩をしていた姉妹がヴァレンチナとの闘いのなかで歴史を掘り起こしながら、仲を修復していくプロセスにしんみりきたな。第二次大戦中に、ぎゅうぎゅう詰めの強制収容所のバラックで看守のタバコを盗み、厳しい折檻にあったということを妹に初めて告白するときのヴェーラの泣き声は、大国の欲望に翻弄されつづけたウクライナの大地の慟哭を聞いているようだった。

A　いかにも君らしい。でも、あの姉妹の修復過程はぼくには少し感傷的すぎた。歴史といえば、挿話的に語られる彼女たちの両親の歴史は、二十世紀の厳しい現実そのものだった。母リュドミラがイギリスにわたったあとも保存食品をいっぱい倉庫に貯蔵していたが、あれは、一九三二年から三三年にかけて、スターリンの集団化が招いたウクライナの大飢饉を体験したからだ。そういえば、赤ん坊を食べて発狂した女性もでてきたね。

飢饉をくぐり抜け、二人は一九三六年秋に結婚。スターリンの粛清をかろうじて逃げ切り、独露戦争で徴兵されたニコライは、兵役に嫌気がさし、脱走途中の町の墓のなかに入って葉っぱを巻いた虫を食べて生き延びる。しかし、密告されたあと、ドイツ軍かソ連の内務人民委員かに逮捕され、独房のガラスを割って首を掻ききるシーンは印象的だった。

B　たしか、ニコライとヴェーラの記憶が異なっていた……。

A　ところで、さっきタイトルに憤慨していながらよく考えるとわからないのは、こうした要素だけで十分味わえるストーリーなのに、どうして「ウクライナ語版トラクター小史」が、話の流れをブツブツ切ってまで挿入されているのかだ。

B　文系先生はこれだから困るね。ぼくには、あのモンタージュは効果的だった。ニコライほどのインテリなら、人生最後の仕事として自伝を書いてもいいはず。ところが彼はトラクターの歴史を母語で書いた。彼によると、トラクターはウクライナの発展には必要だが、スターリンの富農撲滅運動に、つまり農業の工業化の道具にされてしまったし、ウクライナのトラクター技師たちは戦争中に戦車をつくり、アメリカでは土壌を荒廃させ、ダストボウルという砂嵐を引き起こした。これが結局世界恐慌を呼び、ファシズムとスターリニズムを生んだのだと、ニコライはまとめている。このエンジニアの機械中心史観、ぼくみたいに戦車のプラモデルにハマった健全な男子にはしびれるね。

A　そんな単細胞では困る。トラクターが時代を作るなんて、短絡的すぎやしないか。

B　いや、そうともいえない。もし二十世紀にトラクターが登場しなかったら、コルホーズもスタインベックの『怒りの葡萄』もエイゼンシュテインの『全線』も小林旭の「赤いトラクター」も生まれなかった。二十世紀の政治と社会と文化、そして技師のニコライはもちろん、リュドミラ、ヴェーラ、ヴァレンチナ、さらには君の人生だってトラクターが作ったのだ。あのモンタージュから、新たな二十世紀像が浮かんでくるんだ。そういえば本書自体が喜劇的な現在と悲劇的な過去のモンタージュのようだった。

A　まあ、勝手に盛り上がってくれ。ここで降りるよ。じゃまた。

（……『図書新聞』、二〇一一年二月十二日

地球にやさしい戦車

京都大学附属図書館の地下書庫に『戰車』という本が所蔵されている。古本市場では、三万円をくだらない貴重本だ。全六百二ページ＋付録五十七ページ、高さは二十七センチ、横幅は十九センチとなかなか重厚な風貌である。奥付をみると、一九四二年六月二十一日、初版千部発行、発行所は東京神田神保町の山海堂出版部とある。著者は猪《いの》間駿三《ましゅんぞう》という一九〇二年生まれの陸軍少佐だ。

この本と出会ったのは、かつて、修士論文でナチスのポーランド侵攻について調べるために書庫に入ったときである。偶然見つけたこの本をパラパラめくると、第一次世界大戦から第二次世界大戦初期に至る世界各国の戦車の重量、最速スピード、定員、発動機、武装、搭載可能弾数などが詳細に記されてあった（ただし防諜のため日本の戦車についてはほとんど触れられていない）。ロールス・ロイス、ルノー、プジョー、フィアット、フォード、ダイムラー、クルップ等どこかで聞いたような会社が戦車メーカーとして名を連ねる。しかし、こうしたデータは、いまでは軍事マニア向けの本やインターネットに書かれてあるから、それほど真新しいものでもない。ましてや、最先端の戦車を開発する企業の研究者にとっては無用の長物でしかないだろう。

正直に告白すれば、当時のわたしにとっても『戰車』は役に立たなかった。ナチスに関して貴重な情報を提供してくれるわけでもない。論文として役立つ箇所はほとんどなく、次の日には附属図書館のカウンターに返却した、と記憶している。

ところが、二〇〇五年末、バックナンバーセンター（BNC）の桂キャンパス移転構想について調べようと京都大学附属図書館の地下をぶらぶら歩いていたとき、偶然わたしはこの本と再会した。修士論文執筆時の想い出に耽りながら、著者の「自序」、「第一章　近代戦車の現れる迄」と「第二章　戦車の構造」のあたりを漫然とめくっていると、がぜん面白くなって座り込んでしまった。しかし、さすがにお尻が冷たくなってきたので（地下書庫にはもっと多くの机・椅子そしてコピー機を設置してほしい）、借り出して、家に帰って読むことにした。読み終えたあと、自分の態度を反省せざるをえなかった。当時のわたしは、「論文の役に立つか立たないか」という二分法でしか資料を選別していなかったのである。

著者の猪間は、歴史家ではない。自分を「技術者」と規定する戦車の技師である。実際、彼は、陸軍技術本部に所属していた三十四歳のころ、「チニ車」という試作車の設計をしている。「チニ車」は大阪砲兵工廠で制作された中戦車だが、別の技師が競作し三菱重工で作成された「チハ車」が「九七式中戦車」として公式に採用され、結局実戦に投じられることはなかった幻の戦車である。とはいえ、日本の戦車技術の一端を担っていた人物であることに変わりはない。その技術者が描く戦車の歴史叙述にわたしはひきこまれた。わずか二十五ページのなかに、紀元前三五〇〇年から現在に至るまでの戦車史が非常にユーモラスな文体で綴られているからだ。

まず、「自序」で突然戦車への愛が吐露される。「著者は兎に角戦車が可愛い」。兵器を「カワイイ」と表現する感性に、いきなり驚かされる。つづいて、戦車の源泉についての記述も独特だ。「最も古い原始的な戦車は鎧・兜である」。だが、この「生きた戦車」には重大な欠点があるという。それは、スピードの欠如と人間の疲労だ。そこで馬と車を利用することになったというわけだ。

さらに、猪間は戦車に関する図版・文献コレクションをつぎつぎに提示する。「紀元前三五〇〇年代の古代バビロニアの印璽」、「古代バビロニアのラガッシュに起ったウル・ニナ王朝の第三世のエアンナトゥムの戦勝記念碑裏面」（紀元前二〇〇〇年ごろ）、「アッシュール・バーン・アプリ三世の獅子狩りの図」（紀元前七世紀ごろ？）、「志那山東省武梁祠彫刻」（紀元一五〇世紀ごろ）、旧約聖書に出てくる「鉄の戦車」。ほかにもインドやエジプト、ギリシャ、ローマ、アンコール・ワットの遺跡の壁、日本では『南総里見八犬伝』からの二ページにわたる引用もあり、まさに戦車史大全である。これらは、動物に車をつけて、車を走らせる類のもので、内燃機関を利用する近代戦車と区別するために、猪間は「チャリオット Chariot」という語を用いている。

チャリオットといえば、猪間は、一四八二年にレオナルド・ダ・ヴィンチが書いた手紙を引用することも忘れない。「それ〔チャリオット〕がその鉄砲を発射して前進するに当つては、如何なる優勢な敵といへども必ず敗北する、そしてこの車の後について歩兵が何等の抵抗を受けることなく安全に前進する事が出来る」。猪間は、これを「驚くべき文章」だと褒めちぎっている。その理由は、戦車の使用法について、歩兵と組み合わせないと戦車の威力が出ない、という第一次世界大戦後にようやく確立したセオリーをすでに論じているからだそうだ。

しかし、実のところわたしが最も驚嘆したのは、ダ・ヴィンチの手紙ではなく、その手紙の十年前に描かれたらしい「装甲風力自動車」という図だ。これについて、猪間は、技術者の視点からつぎのように解説する。

「Valturio と云ふ人の考案である。装甲自動車どころではない、自動車の元祖と云つてもよかろうが、何ともはや愉快千万な車で、車の大きさにくらべて風車が小さすぎることだとか、伝導方式の幼稚さだとか操向装置が見当らないことだとかはまだ好いとしても、この車が敵陣の中で阿修羅の如く暴れまはつて居るまつ最中に風がバッタリ止んだらと思ふと全く吹き出さざるを得ない」。

とはいえ、これは面白半分に描かれたものではない。ベルトラン・ジル『ルネサンスの工学者たち――レオナルド・ダ・ヴィンチの方法試論』(山田慶兒訳、以文社、二〇〇五年)によれば、これはヴァルトゥリオの独創ではなく、十四世紀前半にグイド・ダ・ウィジェヴァーノが著した軍事技術書にはじめて登場して以来、形を変えてさまざまな工学者に描かれてきたステレオタイプの戦車なのである。こんな呑気な戦車は、現代では反戦の象徴にさえなるだろう。いや、いまなら、

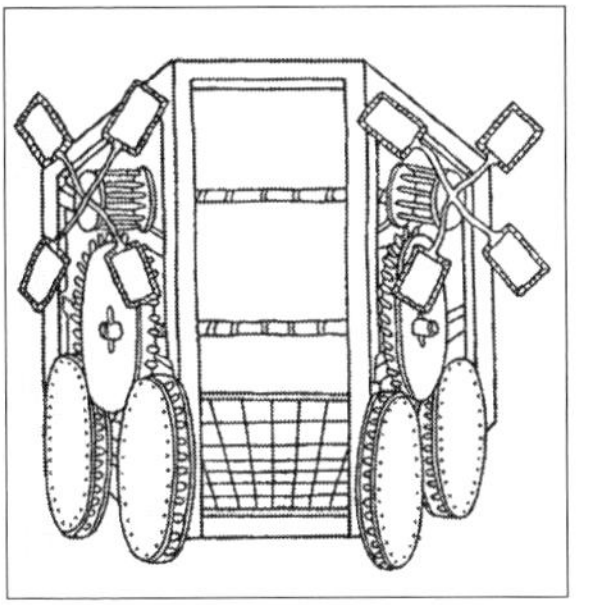

装甲風力自動車の図

まさに「地球にやさしい戦車」だといってもてはやされるかもしれない。猪間の文章とともにいろいろな想像をかき立てる図である。

このあと、一九一六年九月十五日のソンムの会戦で、アメリカ製農業用トラクターにヒントを得て開発された「戦車」が登場する過程を丹念に叙述しているのだが、それについてはここでは省く。それにしても、日中戦争が硬直状態に陥っていた時代に書いたというこの本から、十五世紀のイタリアで装甲風力自動車なるものが考案されていたことを教わるとは意外であった。というのも、わたしのイメージでは、戦争中の兵器製造者とはひたすら無駄を廃し、安いコストで強力な兵器を作ることに全力を注いでいるのであって、まさか、ダ・ヴィンチのスケッチした戦車に驚嘆し、古代バビロニアの王様が乗った戦車に思いを馳せ、風車をクルクル回しながら進む自走式戦車の欠陥について考えているとは、想像すらできなかったからである。猪間はつぎのようにさえ言う。

「今日飛行機と戦車があらゆる兵器の内で一番花形となつて居るのはそれが新しい兵器だからだけでは無い。そのどちらもが人類発生以来の夢を実現したからなのである」。この役立たずの風力戦車は、猪間にとっては人類の夢を実現する史的展開のなかのひとつのステップなのだ。

この猪間を、人殺しの道具の製作者として倫理主義的に断罪することはたやすい。だが、主観的には人類を背負っているこの技術者が現代社会に投げかける問いは、とても重いとわたしは思う。なぜなら、「軍事技術」とは人類にとって身近なものであり「文化」であると猪間は信じているからだ。たとえば、未来の戦車について猪間はつぎのように述べている。

「心理的兵器と言へば、数年前著者が或る車を設計したとき、正面を怪獣の顔になぞらへたらと思つたが、笑つて誰も相手にして呉れないで止めたことがある。〔……〕今にきつと、お獅子の面を近代化したやうな形相をした戦車が「噛むぞぉーッ」と吼え乍《なが》ら陣内に踊り込んで来るやうな時が来るであろう」。

ジルによれば、人面獣面の戦車も、ルネサンス期の軍事技術書にたびたび登場するという。幸か不幸かこんな人間味のある戦車はいままで開発されなかったが、猪間にとって戦車とは第一に心理的兵器であることは注目すべきだろう。戦車とは、人間の感情や感覚、文化と溶けあった兵器なのである。

兵器の歴史学的研究はもっぱら専門の研究者と軍事マニアのなかでなされており、そのほかの人びとはあまり興味を持たない。イラク戦争で米英軍の戦車が発車した無数の劣化ウラン弾とそれに汚染された戦車の残骸が現地の兵士や住民にもたらした被爆の状況を、世界最初の被爆国の住人があまり知らないのも、こうした知（とりわけ歴史の知）

が軽視されていることと無関係ではない。それは、この国で兵器研究が半ばタブー視されてきたことばかりでなく、たとえばかつて『戰車』を十五円で購入した京都大学で、いままでの歴史学者と工学者が、十五円分の戦車の共同研究さえ怠ってきたことにも原因がある。そもそも『戰車』のような「工学」に分類される本は、科学史の研究者をのぞいて、「理工系」からは時代遅れとして「文系」からは専門外として見過ごされる傾向にある。しかし、こうした古い理工系の本もまた、現代社会の科学技術を考えるための一級資料なのである。

その年に立てられた、原則として理工系部局由来のBNCの雑誌を桂キャンパスに移転するという計画は、結局白紙撤回された。このとき、「理系」と「文系」の本が混淆する空間が京都大学から少なくなることはあまり問題にされなかった。つまり、わたしにとって『戰車』がそうであったように、専門外の面白い史料と偶然出会えるような空間、「装甲風力自動車」のような想像を絶する珍物と遭遇する空間が少なくなる、という危機感が弱かったように思える。現代社会はむしろ、サイバースペースでは成立困難なこうした知的空間を、分離ではなくあえて創造していくような図書館を必要としているのだろう。

以下は後日談。戦後、猪間駿三はプラント輸出の専門家となり、ビクターオート、日本製鋼所、神戸製鋼所、日本硝子、千代田化工建設で働き、日本の高度経済成長期の海外進出の一翼を担うことになる。経済学部の図書室には、『プラント輸出の実務——ある技術者の体験』（一九七〇）という彼の著作があるが、そこで猪間は「日本人には人種差別の観念がない」からその国民性を海外進出の武器にすべきだと主張している（著書に『戰車』を記すことも忘れない）。この「懲りていなさ加減」が、彼を技術者として生きさせただけでなく、現代日本を「プロジェクトX」的「科学技術創造立国」へと向かわせようとしている。戦車を解剖できるほど愛していたこの技術者を批判する道は、人間を解剖するほど愛したダ・ヴィンチを批評するのと同じほど果てしなく、また険しい。しかし、それは、カビ臭い理工系の図書にもっとたくさんの愛を注ぐことから始めるしかない。

＊　本論を発表後、科学史がご専門で職場のOBでもある山田慶兒さんより、『戰車』についての記述の誤りをご指摘いただいた。本書に収めるにあたってその部分について加筆した。山田さんにこの場をかりて御礼申し上げたい。

（……………………『静脩』二〇〇六年六月）

ナチスの有機農業

「環境保全」「自然との共生」という言葉を、近年の『食料・農業・農村白書』をはじめ、最近よく目にする。農業は人びとに食物を供給するだけでなく、豊かな生態系と故郷の景観を守るという主張だ。たしかに、農業はそういう役割を果たしてきたし、いまも果たしている。都市近郊の田畑が、「コンビニ」や「ファミレス」、大型スーパーや宅地へとつぎつぎに置き換わりつづける現状からすれば、こうした主張が出てくるのはある意味当然であろう。化学肥料や農薬の使用を制限または拒否する有機農法に、いまこれだけ注目が集まるのも、この農業が大規模な環境破壊の強力なブレーキとしても期待されているからだ。それでも、わたしは、『白書』で謳われている「美しい国づくりに向けた自然と共生する農山漁村環境の創造」というような言葉を見るたびに、強い違和感を覚えるのである。

というのは、この類の表現が、すでに半世紀以上もまえに日本の「盟友」だったナチス・ドイツによって頻繁に用いられていたからである。たとえば、親衛隊隊長ハインリッヒ・ヒムラーは、各地の強制収容所で囚人たちを酷使して、ハーブや野菜の有機栽培の実験を行ない、東方占領地に有機農業を普及させる計画を立てていた。彼は、一九四二年十二月に、東方の農業建設に関してこう述べている。文化的に無能な他民族は占領地の景観を荒廃させ、略奪農法によって不毛にしてきたが、自然を愛するドイツ人は、移住地を「わが家のように安心して定住できる新しい故郷」に変えることができる。そのためには、美しいドイツ的景観を創出する有機農業が必要だ、と。またヒムラーの助言者で農村計画学者のコンラート・マイヤーは「土壌－植物－動物－人間の生物学的共生」こそ戦時農学の理念だと主張し、有機質肥料を軸にした農業を東方でも展開すべきだと説いた。さらにいえば、これらの言葉には、離村の激化のなかで農民たちに生きがいと誇りを与えようとする彼らの意図もあった。自国の農業の矛盾を他国の占領で解決するあり方が、これらの言説にみられるのである。

わたしは、「自然と共生する農業」や「美しい国づくり」という農水省の発想に、「美しいドイツ的景観の創出」というナチスの発想へと通じるものを感じずにはいられない。たしかに景観を創出する場を「日本国内」に限定しているにせよ、『白書』の言葉には、農民の生きがいや誇りを感じる場を「美しい景観」や「美しい国」へとゆがめて統合し、農民の役割を「故郷の景観の守り手」へと矮小化する傾向が見え隠れしているからだ。

さて、現在、世界の食料市場は、アメリカの多国籍企業群によって事実上支配されている。これらの企業は、農機具、農薬、化学肥料の製造から食品加工、食品販売までを統括し、遺伝子組み換えによって農薬に抵抗性を持つ化学肥料に高反応の種子を作りだし、世界各地に売り込んでいる。こうした農耕文化と食文化の世界的画一化・平板化に対し、根源的な批判を突きつけることが有機農業には可能である。ただ、そのための必須の条件は、反面教師としてのナチスの試みを決して忘れないことなのである。

(……『京都新聞』二〇〇四年一月二十八日)

窒素とユンガー

窒素ガスという安定的な状態で空気中に存在している窒素を土壌に取り込める生物は、窒素固定細菌だけである。マメ科植物の根に寄生する根粒菌もその一種。冬の田んぼにレンゲを播くのは、この根粒菌が、空中の不活性窒素を植物が吸収可能な状態に変換してくれるからだ。

空気中の窒素の化学肥料化にヒトが成功したのは、たかだか百年前にすぎない。ドイツの化学者であるハーバーとボッシュが開発し、一九一三年九月に商業化に成功した空中窒素固定法は、硝酸の原料である窒素を空気中から調達するという革命的な方法であった。チリの硝石に依存してきたドイツにとって、これは朗報であった。

この硝酸は火薬の原料でもある。第一次世界大戦開戦後、この工場を持っていたBASF社は、軍部に火薬を生産するように命じられる。大戦のあの破壊力の源のひとつは、化学肥料の製造過程だったのである。

ところで最近、原爆と原発が同根であるという事実が再び脚光を浴びている。しかし、この問題の本質は、肥料と火薬の大量生産方法が開発されたところまで戻らなければわからない。軍事技術の民生利用という言い方が窒素に関してはもはや意味をなさないのだ。どちらにも変化自在な物質があるという現実を、まず知ることが必要なのである。

しかも、この得体のしれないものは人間存在の根底を揺るがした。たとえば、第一次世界大戦で重傷を負ったエルンスト・ユンガーは、『労働者』(一九三二)のなかでこう述べていた。

「工場で作られた人工窒素肥料を使用する農夫は、もはや同じ農夫ではない。〔……〕われわれが従事している革命の深さは、まさに、この根源的身分を破壊することによって自分を証明するのだ」(拙訳)。

技術社会の進展によって、農民たちはその固有の労働文化を手放し、科学技術の末端の構成要素になる。労働者は戦場における兵士なのだ。ユンガーはそこに「革命」を見た。いまなお進行中の「革命」を――。

だが、それでも春はやって来る。田んぼに咲くレンゲの根に棲む無数の根粒菌が、せっせと空中の窒素を取り込んでいく姿から、『労働者』の批判に挑戦してみたい。

（……………………………………………………『現代思想』二〇一三年三月）

複製技術時代の生きものたち

パオロ・バチガルピ『ねじまき少女』によせて

ヴァルター・ベンヤミンの「複製技術時代の芸術」が発表されたのは、ヒトラーが政権を獲得してから三年目の一九三五年のことである。映画、ラジオ、写真、蓄音機といった技術が大衆生活の風景に馴染んできたころだ。これら「複製技術」を扱ったベンヤミンの論文じたいが、印刷機によって大量に複製され、多くの読者に読まれてきた。八十年も前の論文をいまさら取り上げるのは、いまなお複製技術が王として君臨するこの時代について考えてみたいからである。

十数年前、山陰地方で道路や堤防の設計の仕事をしているという友人に、わたしはどんな仕事なのか尋ねてみたことがある。うん、いまはコピペが多いね。パターンはだいたい一緒だから、微調整で済むよという答えだった。小学一年生の文集で将来の夢を「せっけいし」と書いていたわたしは、ちょっと失望した。友人は言う。昔の工事で使用した設計図からコピー・アンド・ペーストを繰り返す。地方の駅前のみならず、圃場整備や河川改修のあとの農村が、どこも似たような風景になる理由がひとつ分かったような気がした。

ただ、このときショックだったのは、設計という仕事に対するわたしの淡い恋心が冷めたからだけではない。自分自身がコピー・アンド・ペーストに頼りっきりだからである。わたしは大学の卒業論文をワープロで執筆した最初期の世代である。このとき、一度書いたものを保存しておいて、あとで別の文章にくっつける便利さと、そして思いもかけない構成が生まれる偶然性には、感謝したものだ。ちなみに、いまはこの複製技術が学期末のレポートを採点するわたしの悩みの種であることは、ここでは論じないでおこう。

とにかく、わたしたちは、複製技術時代の爛熟期を生きている。どこへいってもコピーに囲まれ、均一で平坦な空間を、雑誌のモデルと同じメイクをして、同じ柄のバッグを片手に、気持ちよく歩いている。こんなコピー人間たちの王国の王こそ、複製技術にほかならない。

だが、複製技術時代の爛熟期、と言ったのは、わたしたちの日常の生活がコピーであふれているからだけではない。遺伝子工学の発展、つまり、遺伝子コードのカット・アンド・ペーストの技術が飛躍的に上昇したからである。その背景には、第二次世界大戦以後、遺伝のメカニズムの詳細が明らかになったことがまず挙げられよう。そういえば、高校の生物で習った遺伝の授業は、少なくともわたしには驚きの連続であった。DNAの塩基配列をメッセンジャーRNAが転写し、それがリボゾームというタンパク質合成の場所に運ばれ解読されると、タンパク質が合成される、という話を生物の先生から聞いたときだ。このとき感じた初発の感想はこうだったと記憶している。工場みたいでかっこいい!

現在の生命観が遺伝子工学に依存しすぎであるのは、おそらく、こういった田舎の高校生が素朴に感じる俗情とも関係しているだろう。もちろん、現在ではこのような物理的な生命観に対し、遺伝学内外で批判も出てきているというが、とはいえ、遺伝子を切り貼りする高揚感は世界中の人びとをいまなお酔わせ続けている。ちょうど原子力工学に巨額の研究費を投じ続けてきたことがエネルギーに関するアイディアを萎えさせたように、あるいは、金融工学が経済の世界をカジノに変えたように、遺伝子工学への熱狂は生命の見方をとても貧相かつ陳腐なものにしているように思えてならない。

こういう意味でも、わたしたちは、複製技術時代の爛熟期を生きているのだ。

しかし、熟した果実はやがて腐る。

パオロ・バチガルピの長篇小説『ねじまき少女』（邦訳二〇一一）は、複製技術時代の爛熟期のあと、それが腐り始めた時代を克明に描いている。

石油が枯渇し、地球温暖化の影響で海水面が上昇した近未来。タイ王国が舞台である。堤防に囲まれたこの国のエネルギーの中心は、高性能ゼンマイだ。このゼンマイは、とくにメゴドントという象のような動物によって巻かれている。この動物は遺伝子組み換えによって、飼料から摂取したエネルギーを効率的に運動の力に換えることができる。

このゼンマイの力で発電がなされ、船が走り、工場が稼働する。このメゴドントの飼料を独占しているのが、カロリー企業。世界の遺伝資源を支配するアメリカの大規模アグリビジネスだ。つまり、アグリビジネスがエネルギーと食料を両方支配しているのである。現在の多国籍種子企業は、農民に自家採種させないように不稔性の種子を開発し、毎年企業から購入させるようにしているが、カロリー企業もその方法で莫大な利潤を得て巨大化したものなのだ。

だが、これらの会社が、あまりにも多くの遺伝子組み換え作物を開発しつづけたために、植物および人間に感染する伝染病が蔓延し、世界各地で飢饉が発生して、多くの人びとが死んでいったのだった。そんななか、タイ王国は独自の種子バンクを保持し、欧米諸国のカロリー企業の侵入をかろうじて防いできた。カロリー企業と手を結ぶ通産省と、種子バンクを死守する環境省のせめぎ合いのなかで、内戦によってカロリー企業がタイを開国した直後、環境省の暴力装置である白シャツ隊が堤防を破壊し首都を水没させ、種子バンクを持って北部に逃げることで、タイはかろうじてその独立を保つ——これが『ねじまき少女』のクライマックスである。

つまり、この腐乱した世界を生き抜くには、遺伝子操作能力こそが命綱なのである。伝染病の病原菌の変異よりも早いペースで遺伝子操作を行なわないかぎり、間に合わない。そこで遺伝子リッパーと呼ばれる遺伝子操作の達人をどれだけ囲い込むかが喫緊の課題となる。本書の鍵となるギブソンという老人もそのひとりだ。かつてはカロリー企業側についていた彼は、はっきりとした理由もなく、タイ王国側に寝返り、この時代の欧米にはない、かつて絶滅した植物をつぎつぎに開発していく。「わたしたちは世界にとっての神々だ」と言って憚らない男だ。それればかりではない。彼はかつて、「ねじまき」と呼ばれる新人類の「製作」にも関わっていた。遺伝子操作によって、人間に従順な新人類を作ったのである。新人類は、新種の病原菌に感染する恐れもない。日本産の「ねじまき」であるエミコもそのひとり。性奴隷兼秘書として製作され、教育された彼女にとって、他人に服従し奉仕することは絶対である。ラブラドールのような従順な動物の遺伝子をコピー・アンド・ペーストすることで、遺伝子の職人たちは、生きるダッチワイフを作ったのである。ねじまきは、通常の人間にはない高度な運動能力をもち、戦争では兵士として使用された。ただ、ギブソンはこう言う。エミコには妊娠能力がない、と。ねじまきもまた「不稔性」であり、一世代かぎりなのだ。落胆したエミコに、髪の毛一本あれば、妊娠できる新人類を作ることができると言ってみせるギブソンは、とにかく、どこまでも不気味である。

複製技術時代が極限にまで達した世界を、バチガルピは現在形の文章で重ね塗りしていく。暗くて、臭くて、熱くて、苦しい。おまけに致死率の高い病原菌が蔓延している。そんな世界をテンポ良く描くものだから、読後の寝つきも当然ながら悪くなる。現在の製薬会社と種子会社を足して十倍にしたようなカロリー企業に人間の急所を握られた世界が、これほど気味の悪いものであるとは、二十一世紀の政治支配が遺伝子を軸になされるであろうと予想しているわたしにも想像できなかった。

そして、バチガルピの描いた世界が、わたしたちの生きる複製技術時代と陸続きであることはいくら否定しても否定しきれないだろう。細胞と細胞、生物と生物、生物と土、生物と気象、生物と水、生物と地形の芳醇な関係性を捨象し、生物内の遺伝情報の解読に研究者の貴重な人生を投じつづける会社や研究所は、そして、その開発に人類の未来を託すわたしたちは、単一な遺伝子に満たされた畑を感染症や害虫が食い尽くすまで、自分たちが失った生命観がどれほど頼りないものだったのか気づかないだろう。いや、もうすでに、鳥インフルエンザの蔓延の原因のひとつが鶏の品種改良とその飼育方法にあることは自明である（ポール・ロバーツ『食の終焉』やラジ・パテル『肥満と飢餓』をみよ）。品種改良によって、筋肉だけを発達させ、免疫が弱くなった鶏たちを大型の鶏舎に詰め込んでいれば、病原菌の発生率はそれだけ高くなる。病原菌の媒体者としての渡り鳥をいくら追っていても解決にはならない。どのように食品が作られているのかという、もっと根本的な問題に目を向けなければ、『ねじまき少女』の世界はもうすぐわたしたちの世界になるだろう。

たしかに、これまでの原子力発電所の事故がそうであったように、権力者が隠蔽している危険性を政治に反映させることは難しい。しかし、日本各地に作付されているコシヒカリがすべて同じ遺伝子であること、しかも、ササニシキにせよ、ひとめぼれにせよ、コシヒカリの親戚も多いこと、それゆえ新種の病原菌が出現したときに大打撃を受けかねないこと、すると食糧危機になること、と想像力を少しだけふくらませてみても、日本でも、バチガルピの世界はそんなに遠くないように思える。

ところで、ベンヤミンは先の論文で、複製技術は芸術を儀式や宗教から解放する、と言った。まさに儀式化した耽美主義と政治が結びついたかたち、つまり、「芸術としての戦争」に大衆を陶酔させるファシズムを念頭に置いている。これに対抗するためのコミュニズムの武器として、彼が複製技術に期待をかけていたことは間違いない。

ここで重要なのは、あまり強調されないが、ベンヤミンが「所有」関係の改変を目指すコミュニズムと、「所有」関係の温存を図るファシズムを腑分けしつつ、この論を展開していることだ。「私有財産制」が前提とされるかぎり、複製技術は、お客様という神様に奉仕する利潤生産機械に成り下がるが、私有が廃止されてはじめて美は民衆のものになる、とベンヤミンは述べている。コシヒカリもエミコも、お客様の食欲と性欲と支配欲に奉仕するために作られてきたのである。

すでに何度も指摘されているように、ファシズムは映画や写真などの複製技術をふんだんに利用し、大衆を組織化することに成功した。それだけではない。最先端の育種技術に基づき、植物や家畜のみならず、ドイツの住民のなかに、金髪・碧眼の「アーリア人種」的な遺伝子を増殖させようと試みたのである。ナチスは、劣った遺伝子を持つと決めつけた人間を安楽死させ、「アーリア人種」の遺伝的な「純系固定」を夢見た。少なくともドイツでは、複製技術を政治に組み込むことができたのはコミュニズムではなく、私有制を温存したファシズムだったのである。

『ねじまき少女』で描かれる、腐乱した複製技術時代のタイでも、仏教は遺伝子工学的世界観と緊張関係にはあるが、対抗軸になりえていない。むしろ、それらは、相互補完関係にあるかのように描かれてさえいる。バチガルピの思考実験では、ベンヤミンの予言は外れている。複製技術は、生命から宗教性を切り離すことができていない。

いま、神のみぞ知る生命の奥義は、遺伝子工学によって翻訳されているようにみえる。しかし、実際、翻訳されているのはそのごく一部にすぎない。遺伝子工学は、「知」の所有権を主張し、遺伝子技術を商品化することに奉仕しているにすぎないからである。バチガルピの小説に登場し、現在すでに普及している不稔性の種子も、その商品化の最大の目玉である。すでに述べたように、自己増殖できないから、毎年、種子企業から農民は種子を購入しなくてはいけない。つまり、わたしたちは種子企業によって単なるお客様としてみられているにすぎないのである。

長篇小説『ねじまき少女』が（その先駆である短篇小説「カロリーマン」も）、わたしの夜を悪夢で満たしたのは、単に、足踏みパソコンやゼンマイスクーターなどの小道具が精巧だからではない。あるいは、アンダースン、エミコ、白シャツ隊の隊長であるジェイディーとその部下カニヤ、マレーシアから逃げてきた中国系難民でアンダースンに仕えるホク・センといった作中人物が、それぞれの欲望を押し隠しながら繰り広げるやりとりが無意識に沈殿する暗い欲望を刺激したから、というのも決定的な理由ではない。なによりも、「生命の所有」の問題にバチガルピが踏み込んでいるからである。卵子、精子、花粉、種子、そしてあなた自身は、いったい誰のものなのか、という問いを読者は反芻せざるをえなくなるのである。だからこそ、生命の所有化の矛盾を一身に抱えたエミコが、アグリビジネスの権化のようなアンダースンを虜にしていくのみならず、自分を自分の所有物にして行く過程は、爽快感さえ感じさせる。

人類の歴史は、土地、労働力、貨幣という天然の複製能力を持つモノをつぎつぎに私有財産化し、商品化してきた歴史である。そしてつぎのターゲット、遺伝資源も私有財産化の真っ最中である。

以上のような理由が、わたしに遺伝子組み換え作物を食べることを躊躇させるのである。とはいっても、大企業を愛する「遺伝子」を組み込まれた日本政府は、遺伝子組み換えの菜種油を用いた植物油とか、遺伝子組み換えトウモロコシを使用したブドウ糖果糖液糖とか、さまざまな食品に遺伝子組み換え作物を使用する企業を規制できていない。だから、きちんと食品にも記されていない。もうわたしたちはたっぷり頂いている。遅い。遅いかもしれないけれども、食べたくないのだ。それは、その食品が健康に害悪をもたらすか否か、というよりもむしろ、食べものを作るという美しい行為を宣伝する背後に、生命の世界を嘗めてかかっている様子が透けて見えて、わが胃袋が受けつけないからである。

（……『本が好き！ BookNews』二〇一二年十一月二十一日

昆虫学と終末論　エドワード・O・ウィルソン『創造』

本書の著者のウィルソンは、遺伝学の視点から、戦争、性、利他行動など、さまざまな社会現象を説明し、社会生物学論争を引き起こした昆虫学者である。遺伝決定論とは一線を画してはいるものの、たとえば『人間の本性について』(一九七八)での「将来、〔人類の〕文化的な進化がどんな道筋をたどるかは、遺伝的決定に由来する束縛をある程度受けている」という言い方に違和感を覚える読者は、いまなお少なくないだろう。ただし、この生物観を根底で支えているのは、微細な生物への、とくに彼が専門とするアリへの驚くほど豊かな学識であることには注意を払わなければならない。これを最大の武器にして、ウィルソンはいま野生生物の保護を訴えつづけている。たとえば、「人類の生存に昆虫は不可欠ですが、昆虫たちは人類を必要としていません」というような、普段は意識しづらい厳然たる生物学的事実を読者に突きつけてきたのである。

このように、アリ、昆虫社会、人間社会、そして環境保護と活動範囲を広げてきたウィルソンの情熱は、八十歳を超えたいまなお衰えることを知らない。彼の次の課題は、環境保護の「啓蒙」の問題である。『創造』は、この問題に真正面から挑んだ作品である。彼は、アメリカ南部に住む架空の聖書原理主義の牧師への手紙という形式をとって、環境保護がどれだけ緊急の課題なのかを理解しようとしないキリスト教徒を説得しようと試みる。なぜなら、現在のアメリカ人の六〇パーセントがヨハネの黙示録を信じ、世の終わりにはキリストが再び地上に現れ、信徒たちを肉体のまま天国へ移送してくれると思っているからである。現世の自然環境など必要ない、信仰を棄てなければ、最後には必ずキリストが救ってくれると信じる人々がアメリカには少なくない、という。

それゆえに、本書の成否は、こうした信徒たちを納得させる説明ができたかどうかにかかっている。具体的にみていこう。まず彼は、生命の多様性を「被造物」、自然を「神」、人類が登場する前の世界を「エデンの園」と表現することで、牧師への接近を図ろうとする。環境倫理という難しい言葉を、「神から与えられた責務」と言い換え、「神が人智を超えるのであれば、生命圏のほとんどの領域もまた人智を超えている」と語りかける。

科学の陣営から宗教の陣営へ架橋をして、牧師の内面世界に迫ろうとするウィルソンは、さらに彼の十八番である巧みなレトリックを繰り返し浴びせかける。「人の目にはうごめく点にしかみえないササラダニにとって、朽木の幹はマンハッタン。一個の細菌からみれば、それはニューヨーク州」「人間は誰しも、その体を構成する細胞よりも多数の細菌を抱えているのですから〔……〕人間は、細菌生態系と分類されることになるかもしれません」。これらは、原生自然というものは存在しない、すべて文化的に構築されたものだ、というエコロジー批判に対する反批判、人間の限られた五感では感知し得ない手つかずのミクロな世界が地球上には無数に存在することを訴えたものである。

こうした筆致は、第一五章「地球からの侵入者」においてさらに冴えわたる。一五一八年ごろ、イスパニョーラ島のスペイン人のコロニーで起こったアリの大発生と果樹園の破壊の原因を、ウィルソンは生物学的および科学的に分析する。果樹園を食い尽くしたのは、アリではなく、アリに外敵の防衛を委託しつつみずからの栄養豊富な排泄物を与えていたツノゼミであった、という相利共生の事実から、昆虫の棲むミクロな世界が植民地世界へとつながっていく歴史のダイナミズムが描かれている。こうした昆虫たちの秘められた力を繰り返し強調したうえで、ウィルソンは予言する。昆虫がいなくなれば、土壌は鋤き返されなくなり、花粉媒介者が減少し、人類は風媒性の植物が生産する穀物にしがみついて生きざるを得なくなり、人口が大幅に減少していく、と。こうしたシミュレーションは、あきらかに黙示録を意識している。

さて、では、ウィルソンの手紙に牧師は説得されるだろうか。彼の努力は、どこまで牧師の心を変えることができるだろうか。この判断は読者によって分かれるであろうが、わたしは肯定的ではない。たしかに、ウィルソンの果敢な試みのおかげで、宗教から科学に架けられた橋は少し増えたかもしれない。だが、科学の何倍もの長い歴史を有する宗教の生物観を彼が批判するとき、歴史のなかで生物学がどのような役割を果たしてきたかをほとんど顧みていないことが、その橋のうち何本かを通行止めにしている。後半で繰り返される科学論や「市民科学」への参加の呼びかけは、それらがどれほど重要なことであっても、おそらく牧師の聖書の世界には響かないのではないか。

彼の人種主義への嫌悪は疑うべくもないが、しかし、彼の本を読むたびに(たとえば『人間の本性について』で遺伝学研究の例示として双子研究をとりあげたとき、ナチスの強制収容所でなされた双子研究に言及すべきだと思ってしまうように)、生物学がナチズムにおいて果たした役割とその歴史的帰結が頭をもたげるのは、現代史研究者ばかりではないだろう。しかも、生物学それ自体に承け継がれてきたものの問題を回避しているがゆえに、遺伝学の知識を駆使した彼のレトリックが宗教家の内面を抉るほどの鋭さを有していない。ウィルソンがまだ腹を割って話しているように感じられない理由のひとつはここにあるとわたしは思う。生物学もまた歴史的存在であり、史実から離れた生物学は空疎である。単なる学説史ではない科学史の構築、生物学をその負の歴史からさえも切り離してしまわない謙虚さが、おそらく、科学から宗教に架けられうる橋のなかで最も信頼できる橋に違いない。

(……………………『図書新聞』二〇一〇年十月九日

ナチス占領下の動物と人間

ダイアン・アッカーマン『ユダヤ人を救った動物園』

当時、ヨーロッパ屈指の動物園と言われたワルシャワ動物園の園長ヤン・ジャビンスキとその妻アントニーナ・ジャビンスカのナチスに対する抵抗の物語である。日記、著作、インタビューや新聞記事など多彩な史料を駆使して、あの時代のワルシャワの空気を再現するのに成功している。

ここにはまず、ほとんど知られていない事実がふんだんにもりこまれている。ドイツ軍の猛烈な爆撃で破壊されたワルシャワ動物園は、養豚場、市民農園、毛皮用動物の養殖場とつぎつぎにその機能を変えながら、ポーランド中に張りめぐらされた地下の抵抗組織やユダヤ人支援委員会と密に連絡をとり、三百人におよぶユダヤ人や抵抗者を一時的にかくまった拠点となっていく。その園長ヤンも、たえず移動する地下組織の大学で生物学を教えたり、レジスタンスの軍事部門である国内軍（ＡＫ）の一員として寄生虫入りの肉団子をドイツ軍のサンドイッチに紛れ込ませたり、ドイツの列車に爆弾をしかけたり、一九四四年八月にはワルシャワ蜂起に加わったりした。だが、在ロンドン亡命政府の主導で戦った闘士たちがソ連によって敵対者とみなされ、大量に逮捕されていくなかで、ヤンも園長の職を辞める。こういう戦後の事実まで本書には記されている。

それればかりではない。狩猟好きのゲーリングが森林保護に力を注いだことや、動物行動学者のローレンツが人種主義を信奉するナチ党員であった過去は比較的知られているが、動物愛好家でありながらナチスの一員として精力的に働いたのは、このような一部の著名人だけではなかったことも、本書は教えてくれる。動物園は各々の動物の故郷に近い環境を用意すべきだという考えをもつベルリン動物園の園長でありながら、絶滅した野牛オーロックスの遺伝学的復元を夢見る「大型獣ハンター」のルッツ・ヘック。甲虫マニアであるがゆえにワルシャワ・ゲットーのユダヤ人昆虫学者を庇護していたゲットーの労働局長、つまり、ドイツ本国の武器工場に労働者を送り込む「手配師」であったツィーグラー。彼らがヤンの動物学への深い学識を認め、ヤンと交流していたがゆえに、動物園の秘密を隠し通せたし、ゲットーのパスも入手できた。このパスで、ヤンはユダヤ人たちを動物園へ逃亡させることができたのである。

だが、以上のような新鮮かつ豊富な史実の提示は本書の特徴の一面にすぎない。もうひとつの特徴はその叙述にある。本書には、普通なら註に書き込むような事実まで強引にねじ込まれている。アントニーナの弾くオッフェンバックやシューベルトの曲の解説、ポーランド民衆の迷信や慣習、逃げることも可能だったのに自分の孤児院の子どもたちと一緒にトレブリンカ収容所行きの列車に乗ったヤヌシュ・コルチャック――。

こうしたさまざまな事実のモンタージュは、読者を少々疲れさせる一方で、この物語の歴史的位置をその都度確認させる役割も果たしている。そして何よりも、動物園内のジャビンスキ邸に住むたくさんの動物たちの臭いがぷんぷん立ちこめる生々しい描写が、動物の名前をつけられてかくまわれている人びとの魅力を最大限に引き立てている。

たとえば、元プロのポーランド人ピアニスト、ヴィトルド・ブロブレドフスキ（通称キツネ男）。ナチが動物園に設置した毛皮用動物の養殖場の管理人であった彼は、ある日突然、雌猫バルビーナとともにこの館に転がり込む。彼は、バルビーナが子ネコを産むとそれをこっそり養殖場のタヌキのエサにまわし、かわりに養殖場のキツネを連れてきてバルビーナに育てさせる不思議な男だ。動物のように描写されるキツネ男もさることながら、子ギツネを育てるバルビーナの人間っぽい行動の描きっぷりは、まるでシートンの動物記である。

ヤンとアントニーナはいつも青酸を持ち歩いていた。ドイツ人の尋問にわずかな動揺を見せるだけで動物園の住人全員が処刑される。こういう極限状態のなかでも、「動物共和国」は人間が動物とともに生きる愉しさを死守しつづけた。この「複雑な有機体」の主は、アントニーナだった。彼女は、かくまった人々を世話し、子どもも動物も一緒に育てるのだが、爆弾を製造することも秘密警察を暗殺することもしない。けれども、アントニーナは、緊迫した状況のなかで否応なく研ぎ澄まされていく動物的感覚を冷静に発動させ、尋問に来たドイツ兵や略奪に来たソ連兵をあたかも動物をなだめるようにして落ち着かせ、危機を脱する。また、緊迫した食糧事情からすれば無駄でしかない大食漢の動物たちを、人間と一緒に世話し、ゲットーや地下活動で息の詰まるような生活を営んでいた人々に動物たちの生気を注ぎ込む。こうして、彼女は、動物と人間が交流する「複雑な有機体」のなかで、すべての生命体を守る「哺乳類の母」という自覚を強めていくのだ。

この「哺乳類の母」は、日記でこう自問している。「人と動物を仕切る薄いヴェール」とは何か。「動物でも、二、三カ月もあれば獲物を襲う衝動を自制できるのに、ずっと昔から洗練を重ねてきたはずの人類が、たちまちのうちに、どんな肉食獣より野蛮な動物になり下がってしまう」のはいったいなぜか。これらの問いは、極限状態にいた彼女が、ナチズムといかに厳しく対峙していたかを示している。なぜなら、ナチズムもまた従来の人間観・動物観では対抗できない複雑な自然観を持っていたからだ。ナチスは、バラも、ウシも、ヒトも、隣国の生態系のすべてを遺伝学的に変えようとした。つまり、人間を、社会の掟ではなく自然の掟に従わせようとしたのだ。この生命観が、ユダヤ人を害虫のように「処理」する感覚を育てた土壌であった。

七十年前にワルシャワで起こったこの生命観の衝突は、塩基配列や脳ミソに偏った生命観が支配する現代においても、依然としてそのインパクトを失っていない。

（……『図書新聞』二〇〇九年十二月十九日）

躓きの石こそ投じよ

中田英樹『トウモロコシの先住民とコーヒーの国民』

グァテマラ共和国は、北西にメキシコ、東にベリーズ、南東にホンジュラスおよびエル・サルバドルと隣接する、中南米の国である。一八三九年、スペインから独立し、一八四七年、正式に共和国となった。この国の南西部山間地域にあるアティトラン湖の湖畔に数十のマヤ系先住民部落がある。この湖の南部には海抜三千メートル級の火山が三つそびえ、美しい風景を形成している。本書の主な舞台は、そのアティトラン湖北岸にあるパナハッチェルと、サン・ペドロ・ラ・ラグーナ（以下、サン・ペドロ）という先住民の部落である。

神がトウモロコシからみずからを創ったという伝説をもつマヤ系先住民は、共和国の総人口の六割から七割程度を占める。にもかかわらず、社会的に優位な立場にはいない。また、混血非先住民との違いも明確ではないため、正確な数字を求めるのは困難である。

本書を読むかぎり、この先住民たちの「立場」を大きく変えた世界史的事件を取り上げるとすれば、十六世紀のスペインによる侵略および植民地化、十九世紀後半から現在に至るまでの大規模コーヒー農園の登場、そして二十世紀後半のグァテマラ内戦中に起こった先住民の虐殺が浮上する。本書は、そのうち社会経済史的事件であるコーヒー農園の登場に焦点を絞る。「一九世紀末より、大規模輸出農業を軸に据えた近代資本主義国家建設の道を歩みはじめた。山間部に暮らす伝統的な自給の「トウモロコシの人間たち」が、南部平野部に広がる近代的農業を営む「コーヒーの人間たち」によって駆り出され搾取されるという構図が成立した」。この資源小国が、ドイツという大消費地を得てドイツから資本を誘導することで世界的なコーヒー産地に変わっていくという、開発の側からすると成功譚とされやすい物語を、ひとりの先住民の眼を通して解体し、組み立て直す作業が本書の内容である（ドイツの第一次世界大戦の敗戦が、グァテマラの開発独裁の没落に連動したという史実は興味深い）。

その先住民とは、パナハッチェル出身の青年、ホァン・デ・ディィオス・ロサーレスである。ロサーレスは、母語の先住民言語に加え、公用語のスペイン語の読み書きもできる現地のインテリである。何もなければ村の人びとや家族の記憶以外には残らず、本書を通して日本人の眼に触れることもなかったにちがいない彼の過去が、こうしてわたしたちの眼前にさらされるのは、何よりロックフェラー財団とそれが創設したシカゴ大学のおかげである。

なぜなら、このパナハッチェルやサン・ペドロを調査し、一九五三年にその集大成である『一銭資本主義』を著すソル・タックス（シカゴ大学の人類学者）なしには、第二次世界大戦後の開発経済学の隆盛、そしてそれが支えとなって展開した「緑の革命」を説明できないからだ。「緑の革命」は、ロックフェラー財団やフォード財団などのバックアップを受けたバイオケミカル産業が、「農産物収量増産と第三世界の飢餓の撲滅」というかけ声のもとで繰り広げた品種改良事業である。この「緑の革命」を理論的に支えたシカゴ大学の農業経済学者セオドア・シュルツェの『農業近代化の理論』（一九六四）は、タックスの『一銭資本主義』を「おおいに参考にして」いたのである。彼はここで、「合理的な考え方に基づいた先住民の経済行為」を説明する。その背景には「パナハッチェルの経済が近代化した諸国の資本主義経済と同じメカニズムによって駆動されているならば、彼らの生活もまた欧米のように「豊か」になっていくはずだ」という正義感がある。タックスは、先住民を合理性の欠けた人間としてみるのではなく、合理的な思考ができる存在としてとらえ、彼らを強制的にコーヒー農園に労働動員する開発独裁のやり方を否定し、先住民を自由な労働者に仕立て上げようとする。そして、その一見まっとうな姿勢がしかし、「合理化できない先住民」という新たなカテゴリーを作ってしまう。

このタックスの調査を陰に陽に支えていた人物こそが、スペイン語が話せる先住民のロサーレスであった。ところが、興味深いのは、ロサーレスが次第にシカゴ大学の人類学者たちの要求に応えられなくなっていくことだ。彼は、シカゴ大学の人類学者たちがイメージする近代資本主義世界を調査地に投影できない。とりわけ、資本主義社会の根幹にある「土地私有」、つまり人と土地の一対一関係である。これを中田は、「躓き」と表現する。そして「躓き」にこそ、今後の他者理解の可能性の一端をつかもうとしているのである。

ロサーレスが躓いたのは、以下の点である。サン・ペドロで生活に困った先住民が、その飛び地であるサン・ペドロ・クツァンに逃げたり、そこの土地にアクセスしたりすること。サン・ペドロ・クツァンはコーヒー大農園のエリアであるとともに、トウモロコシの自給的生産を排除しない、近代世界の空隙のような場所である。しかも、そこには、「誰もが、いかなる文脈で、いかなる目的のために、いかに使用しても構わない」「共有地」がある。この融通無碍な性格を、ロサーレスは重要なものと考える。だが、シカゴの人類学者は、その精密な理論の「例外」としてしかみない。

実際、一九三四年、チカカーオを含むサン・ペドロの南部エリア一帯が、それが位置するソロラー県から切り離され南部スチテペケス県下に統合された。行政区画として切り離されたあとのサン・ペドロの閉鎖性を強調しがちなシカゴの人類学者に対して、ロサーレスはその開放的な性格をみる。「閉鎖的共同体」論は、実は、タックスの弟子のベンジャミン・ポールのサン・ペドロ調査を援用してアメリカの人類学者エリック・ウルフが唱えた他者理解のあり方である。それは、モラル・エコノミー論にもみられるように、閉鎖的な社会ゆえに成り立つ規範を描く。

だが、ロサーレスは「閉鎖的共同体」とは異なり、サン・ペドロの底辺がつねに「開かれている」ことに「躓く」。無一文の孤児でも比較的裕福な家にやってくれば住み込みで働くことができるし、雑用か農作業に従事すれば代わりに衣食住が保証される、という開放性である。

以上のように、シュルツェやウルフといった、世界中で援用され、多くの賛同者を得ている学者の他者理解のあり方が、ロサーレスの「躓き」を捨象することでしか生まれ得なかったことを、中田は執拗に説くのである(ゆえに、中田自身のフィールドワークの出版を評者は切に望む)。

そして、読後の読者は、二つの「いま」に向かって石を投げざるをえない。世界的規模で邁進する開発の波に乗ってしか他者を理解できない「いま」と、そして、「近代的所有概念」を前提にしてしかモノにアクセスできない「いま」である。もちろん、その石は、ロサーレスが躓いた「石」であるとともに、自分たちが躓いてきた石でなくてはならないのである。

（……………………………………………………『季刊ピープルズ・プラン』六二号、二〇一三年八月

死者の存在感に関する非科学的考察

李弥勒『鴨緑江は流れる』

死者を覆う土

田舎の墓が陥没した。雪の重みに地盤が耐えられなかったのである。

二〇〇六年の暮れから二〇〇七年の正月にかけての冬は、一九六三年のいわゆる「三八豪雪《サンパチ》」に匹敵するほどの、記録的な大雪だった。日本海側を中心にたくさんの死傷者が出たが、報道熱はすぐに冷めた。

うちの被害は墓の陥没だけで済んだからましだった、と父は報告してくれたが、雪解けの故郷に帰る途中でみた光景には絶句した。簡単な造りの倉庫や小屋はぺちゃんこにつぶれ、ビニールハウスの骨組みは針金のようにねじ曲がっており、家の廂《ひさし》は折れ、瓦が剥げた屋根のうえには青いビニールシートがかけられていたのである。これに比べれば墓の陥没などささいな被害だろう、とはじめは思った。しかし、田舎の墓の曾祖父と曾祖母の墓石がそれぞれ祖父と母の墓石を引っ張るようにして崩れ落ちている光景は、やはり大雪という天災の恐ろしさを物語るに充分だった。

一泊二日の強行軍で帰郷したわたしは、すぐに墓場の復旧作業に取りかかった。父と弟、そしてわたしは運動着に着替えて、ゴム長靴を履き、スコップと縄と棒を「ネコ車」と呼ぶ一輪車に乗せて、圃場整備で舗装されてまだ新しい、雪の残るアスファルトの道を登った。

まず、三人で墓石に縄を巻きつけた。声を合わせ、ちょっとずつ引きあげる。わたしと弟は、ネコ車で土を運び、陥没した穴にそれを流し込む。地面を踏み固めるのは父である。ある程度固くなったら、テコで墓を垂直に立てる。デスクワークでなまりきった体からは、汗が噴き出し、運動着までべっとりと濡らした。地盤が少しゆるかったので不安が残ったけれども、なんとか元の状態に戻すことができた。

結局、貴重な帰省期間の四分の一もがこの作業に割かれた。だが、元通りになった墓をみると、それなりに気分はよい。これでご先祖様もゆっくり眠れるだろう、とビールにのどを鳴らす。骨の一本や二本をみてみたいという不純な好奇心は満たされなかったにせよ、それでも雪の猛威に暴かれた墓を埋めなおすという作業は、爽快さを感じるものだった。

ではなぜ、陥没したのだろうか。それは、曾祖父と曾祖母の墓石のほうが祖父と母の墓石よりも深く沈没したことにヒントがある。

曾祖父と曾祖母は、土葬だったのである。ほぼ立方体の木の箱のなかに膝を曲げて詰めこまれた曾祖父や曾祖母の亡骸は、その周囲を飾る花々の鮮やかさとともに幼いわたしに強烈なインパクトを与えた。小学校の黒い制服に、頭は白い三角形の紙烏帽子をつけ、足には藁草履という何とも奇妙な格好で、父や祖父たちとともにお棺を担ぐ。庭先で何回か回転してから、墓に向かい、近所の人たちに掘っていただいた深い穴に静かに収める。お坊さんが経を唱えるなか、土がかけられる。こんもりと小さな山が完成した。少し盛り上がっているのは、そうしないと墓石をおいたときにめり込んでしまうからだ。埋められた棺は、死体とともに腐れ、周囲の木々や微生物の養分となる。腐るが、その部分の土の凝集力は弱い。そこに記録的な豪雪だ。地盤がゆるみ陥没したのは、以上のような簡単な理由であった。

他方で、母と祖父は火葬だった。車で三十分ほど離れた町に火葬場ができたことで、一九九〇年ごろを境に、ふるさとにも火葬が席捲したのである。お骨はホームセンターで購入したポリバケツにいれられる。当然、ポリエチレンは腐りにくいため、大雪にも耐えたのである。

以上のような墓の陥没の顚末を話すのも楽しかったが、死んだ家族の話をしたのもひさしぶりだった。異常気象が呼び起こしたともいえる死者たちとの遭遇に、しばらくわたしたちは酔いしれた。

だが、しばらくして、軽い頭痛を伴う奇妙な感じをぬぐいきれないことに気づいた。墓石の冷たさ、墓の下まで張り巡らされた木の根、そしてなによりも死者を覆っていた湿った土の匂い、そういったものが体から離れないような気がしてならない。墓の陥落は、土葬と火葬の違いと木が腐るという知識を持ってさえいれば、すぐに納得のいく出来事なのだが、この不可解な気分だけはすっきりしない。ただ、誰にでもありそうな感覚だという実感は、どこかにある。

暴かれる死者

三・一独立運動という歴史的事件と朝鮮から上海、セイロン島、スエズ運河を経てドイツまでの船旅を含む李弥勒の回想録『鴨緑江は流れる——日本統治を逃れた朝鮮人の手記』のスケールと比べれば、以上の小さなエピソードは鴨緑江の岸の砂粒程度にすぎない。しかし、あえて紹介したのは、この著作を読んで、何よりもまず死に対する知のあり方について考えたからである。わたしは脳死や安楽死のような問題を考えるたびに、死という対象に知が切り込むことの困難さを感じていたのだが、それが実は思考の停止にすぎないことを思い知らされたからだ。
『鴨緑江は流れる』に描かれる死者との遭遇を媒介するものは、単なる天災ではない。いわば天災をともなった人災である。つまり、宗主国の日本がもたらした災いである。静かな報告調の文体にも、想い出に彩られた死者の追悼ではなく、母国の支配者である日本人への怨念がみなぎる。この前の章で、幼少のころから中国の古典に親しんできた李が、物理、化学や歴史（しかも日本中心史観の歴史）といった西洋教育に馴染めないでいるのを見かねた母親に、朝鮮半島北部西岸ソンニム湾の寒村への滞在を勧められる。港には牡蠣の棲みつく岩々があり、畑では、大麦、小麦、キビが育つ小さな村だ。初夏、この村に干ばつが襲う。

晴れた日がつづき、春の雨も途中で降らなくなった。初夏になると農民たちはさらに心配になった。気候が乾燥したままだったからだ。畑の土は粉末状になり、かなりの田んぼでは水がない状態だった。米の不作が懸念された。

そうなると、少なからぬ農民たちが、干ばつになったのは誰のせいかと問い、そしてほとんどの農民が日本人のせいだと思った。日本人が、たくさんの城壁や価値の高い建物を取り壊し、古代の人びとが眠る墓を暴いたからだ。後者の行為はとりわけひどかった。日本人は、死者とともに埋葬された高級な陶磁器の皿を墓から盗み出した。それらは東京に持っていかれ、高値で売られたという。どの山でも、数え切れない墓が暴かれ、天に向かって顔を覗かせていた。古代の人たちの骸骨があちこちに散らばり、白日のもとにさらされていた。道路を建設するときにも、野蛮人たちは、多くの古いお墓を破壊し、冒涜した。山の斜面に沿って歩くと、高所から人間の骨や、かたちが損なわれていない頭蓋骨がころがってきて、びっくりして逃げ出さずにはいられない。わたしも、日本人の悪行に対し天が復讐したのだ、と信じた。

（引用は拙訳。以下も同じ）

農婦たちは、星の明るい夜に裏庭や畑で天に祈る。水でいっぱいにした鉢を供物として木のテーブルに置き、雨乞いする。「罪のないわたしたち百姓にこんなに厳しい罰を与えないでください」。だが、どれほど天に祈っても一滴の雨も降らない。そのころ、日本の軍隊は、三・一独立運動の鎮圧のため、抵抗活動を行なう農民たちを拷問して街でさらし、あるクリスチャンの村では、村人全員を教会に閉じこめ、生きたまま焼いてさえいた、という。墓のやみくもな破壊にせよ、教会の放火にせよ、生きた人間も死んだ人間も無神経に踏みにじる日本の植民地支配の闇の深さの一端が、ここに露わにされる。

李は、「科学者」である。朝鮮では経済的に恵まれた家に育ち、学識ある父からは古典、ソウルでは医学を学んだのち、亡命先のドイツでは生物学の研究に従事しミュンヒェン大学で動物学の博士論文を書いている。重要なのは、にもかかわらず、日本の「野蛮さ」を、自分の言葉で語るのではなく、あるいは「古典」の言葉を借りるのでもなく、貧しい村人たちの生々しい声に語らせていることだ。いや、むしろ、そんな声だからこそリアルなのである。

村人たちの「バチが当たった」という論理には、植民地支配が――歴史学の年表のうえでだけ――終わってから六十年あまり経つ今日でさえ、鬼気迫るものがある。

いうまでもないが、いわゆる科学者は「バチ」を証明できない。李が習得に苦しんだ「新しい学問 die neue Wissenschaft」は、日本人が朝鮮人の墓を荒らすことと干ばつとの関連を否定せざるをえないだろう。しかし、この「新しい学問」が、「新しい文化の摂取ということで日本に少しだけ後れをとっている」という強迫観念を李に与え、そして李をはじめとする子どもたちを「新しい学問」に駆り立てたのである。やはり「新しい学問」は魅力的だし、これを学ばないと日本人に対抗できないからである。中国の古典に通じた父にさえ、「ヨーロッパ人というのは、真の人間 wahre Menschen なんだ！」と息子を諭させるほどの力が「新しい学問」にあるのだ。

こうした知の領域での「古さ」と「新しさ」の融合しがたさが、『鴨緑江は流れる』のテーマである。自分がエリートであり、またそうでしかないことを自覚している著者は、「古さ」が「新しさ」に「なじめない」ことと、「新しさ」が「古さ」を併呑しないことに安易な説明を与えない。激しい怒りをぶつけたり、冷静に距離を確かめたりしながらこの対立を描く。また、「ぼくはすべての授業になじめない」という李少年の嘆きや、「あなたは古い時代の子なのよ！」という母親の励ましにも、この対立が色濃く映し出されている。

そして重要なのは、日本と朝鮮の支配関係がそこにのしかかったとき、その溝がさらに深くなる、ということである。ソウルの医科大学で西洋式の医学を学ぶことになった李青年は、「半日本人 Halbjapaner」と呼ばれることがあったのだ。もちろん、蔑称である。

この「半日本人」とは何なのだろうか。入学試験のとき、彼は試験官にこう諭される。

「わたしたちはいま、一時的に非常にたくさんの医者を育て上げなくてはならない。とくに、君たちの故郷のね。なぜなら、君たちのところでは、衛生状態が顧みられてこなかったからだ」。そういう任務を負った医者の卵は、当然ながら、「君たちが「わが国」というときは、朝鮮のことだけを意味しているのではない、日本帝国の領域すべてを考えなくてはならない」。一九一九年の独立運動のときに二十歳になる直前だった李は、日本の援助で、しかも日本を経由して伝えられた医学を学んでいた。だから、日本へのデモ行動は「国家機関に属する学生だけに」最後まで知らされなかった。友人のイグォンは、この板挟みゆえに、「呪うべき状況だ！」と叫ぶ。

しかし、結局、彼らは示威行動に参加し、「万歳《マンセー》」と叫びながら街を行進したのだった。友人たちは負傷し、逮捕された。危険が迫った李は故郷に帰った。つかのまの休息ののち、母は、「あなたは逃げなくてはならない」という苦渋に満ちた一言を絞り出す。国境警備の監視の目をかいくぐり、鴨緑江をわたり、上海で、マルセイユ行きの船を待つことになるのである。

青年時代の李は、「古い学問」だけに未来を見ていたのではない。西洋への漠然とした憧れから、運賃もほとんどもたないまま、一人で満洲行きの列車に乗ろうと試みたこともあった。また、読書の好きな姉のオジニから、「あんたは、そんな役に立たないものをやることで、自分の才能を浪費している」と心配されても、「新しい時代の到来なんだ。長くて暗い眠りの後にやってきた明るい未来なんだよ。新しい風が僕らの目を覚ませたんだ。長い冬のあとに春がやってきた。みんなそう言っているよ」と強がった。しかし、李は、他方で「日本人の悪行に対し天が復讐した」という農民たちの言葉を信じていた。

この引き裂かれた状態は、「半日本人」と呼ばれることでさらに深刻になり、科学の伝達者である日本に故郷を捨てさせられたにもかかわらず科学の殿堂であるヨーロッパへ逃げざるをえなかった、という彼の運命が象徴している。あるいは、「フランス語の本を読むときは黙読し、ヴェトナム語の小説を読むときには半ば歌っているかのように音読し」ていたヴェトナム人を笑う気になれなかった船上の彼にも、変わることなく存在しつづけている。李は直接言及していないが、このとき彼が、フランスの植民地支配下のヴェトナム人と、日本支配下の朝鮮人を重ね合わせていることは明らかである。

こうした張り詰めた糸が、植民地解放後に李がこの回想録を上梓する一九四六年まで弛緩しなかったがゆえに、「天災」を「人災」として語る寒村の怨みを、読者は単なる情報としてではなく、言葉にしがたい怨みの迫力とともに窺い知ることができるのだと思う。そして、この緊張感は、作家の態度であると同時に、「新しい学問」の担い手の態度でもあるべきである。李自身が「古い学問」の担い手であることを自負しており、また、ドイツ語圏の読者もそれを著者の特徴として読み取りやすいかもしれないが、わたしにはむしろ、「新しい学問」の悩みを引き受けた作家と思える。「古代人の墓を荒らしたので天罰が下った」という知を無条件に受け入れる青年時代の彼の行為自体は「新しい学問」の行為ではないが、新旧の知の分裂までも受け入れつづけようとする彼の態度は、本来の意味で「新しい」。

解剖される死者

「新しい学問」と、その対立項としてしばしば掲げられる「古い学問 die alte Wissenschaft」のあいだにあるよりもずっと深刻な溝、つまり、農民たちの生活のなかの「古い知」と「新しい学問」のあいだに刻まれた溝は、これまでも埋まらなかったし、これからも簡単に埋まるものではないだろう。陥没した墓を元通りにしたときに感じた頭の痛みは、この溝をまえにしたときのいらだちを、何千万分の一に薄めたものにすぎない。「新しい学問」は、世界に君臨するまでに数え切れないほどのこうしたいらだちと遭遇してきた。拭いきれなかった墓の土の匂い、別のいい方をすれば、死者の存在感はそのさいたるものだろう。

そして、李は、この死者の存在感をめぐる知のアリーナを、医学の領域へと移す。この章に、まさに「古い科学、新しい科学」というタイトルをつけたのも、西洋医学こそが、知の領域をめぐる「溝」を典型的なかたちで露わにさせるからであろう。

彼は医科大学でさまざまなことを学ぶが、そのなかにはもちろん解剖実習もあった。以前、この大学の生徒がすべて朝鮮人だったころは、解剖実験に参加することをみな拒んだという。ある冬の夕方、実習室に連れてこられた李たちは、ベッドのうえに横たわる死体をみて、ショックを受ける。

イグォンとわたしは他の六人の同級生たちと、大きな机の上に置かれた若い男の棺台におそるおそる近づいた。男は来るべき恐ろしいことにまったく無抵抗だった。台から少し離れたところに立って、わたしたち全員は、青ざめた死体を凝視した。その死体は、大地の奥深くに隠されて眠るかわりに、その素っ裸にされた体が金属のベッドのうえで冬の太陽を浴びなければならなかった。イグォンは悲しげな目でわたしを見つめ、わたしの手を握っていた。「こんな匂い、初めてだ！」と不快そうにつぶやいた。

実習を終えた彼は夕食を断り、目が冴えてなかなか眠れなかったほどだ。このときの違和感が、激しい口調でこう述べられている。

人間の体とは神聖であった。とくに魂が抜けてしまったあとの体は。だから、それは、しかるべき場所で大地にゆだねられねばならなかった。その体が、やすらかにそして幸福な調和のなかで自然に還り、子孫や同時代の人びとに不幸をもたらさないように。だから、死体を開くことは自然の掟と精神に対する罪であった。たとえ、それが医者の手でなされたとしても。

解剖学は「大きな罪」である、とさえ李青年は断言した。「墓荒らしにはバチが当たる」という寒村の感性が、いわば植民地エリートである李やイグォンの感性と共振する瞬間である。この感性の背景にあるのは、儒学の素養というよりは、古典のさらに深層にある土着的な情念だ。むしろ、こうした「死者の眠りをさまたげるものにはバチがあたる」という古い知のほうが、「新しい学問」にとっての障害だった。李青年の敏感さはその障壁そのものなのである。

独立運動に参加するまでの李青年の心の動きについては実はあまり書かれていない

が、「半日本人」と呼ばれた彼が蜂起に踏み切るまでの経緯には、日本の帝国支配の暴虐のみならず、「死者の存在感」をぬぐい去ろうとする「新しい学問」へのいらだちが強く働いていたに違いない。彼自身にとって、日本とは、抵抗者の武器を探しに家に押しかける銃を担いだ兵隊であると同時に、自分に刻印された「新しい学問」そのものであるからだ。

李が「新しい学問」への対抗として望みをかけている「古い学問」、つまり「古典」が、この科学に対しそれほど力を発揮できなかった、という事実も残念ながら認めざるをえない。なぜなら、古典を学ぶのは、やはりエリートがほとんどだったからだ。しかし、「バチが当たる」という寒村の感性を、あえて「新しい学問」を捨てずに受け入れようとする著者の態度には、科学の権威をまとった権力の真綿にくるまれても簡単には死なないしぶとさがある。

流れなかったもの

朝鮮半島の葬法の変遷に詳しい高村竜平によると、朝鮮の人びとは風水に基づき、土葬を行なっていた。朝鮮総督府が都市や農村の整備を始めると、公衆衛生の促進や土地の有効な利用のために、火葬キャンペーンを行なう。しかし、朝鮮人の多くは頑なに従来の葬法を守った、という。

わたしはここで土葬擁護論を展開しようとしているのではない。地域や宗教によってそれはさまざまだからだ。ただ、火葬をすれば衛生状況がよくなる、という科学の文言を掲げ、土葬文化を消滅させるのみならず、朝鮮の死者の存在感に対する感性までも踏みつぶそうとした朝鮮総督府の態度が問題なのである。

当時の朝鮮人たちの頑なさは、今日のような高度な科学に恩恵を被っている人びとからすれば、もはやおとぎ話の部類に属するだろう。だが、当時の農民の言葉を本書から引用すれば、「ひどい時代 die schlechte Zeit」を生きた人びとが何を考えていたのか、どのような行動をしていたのかを知ろうとする人間にとって、これは未開拓の領域である。科学が人びとの心性を支配していくダイナミズムと、植民地支配者の直接的な暴力行使はどのように結託するのか？　馴染みのない科学への反発と、それを普及しようとする権力への抵抗は、どのように共鳴するのか？　それを解明するためには、本書は一級の史料といえるだろう。たとえば、先端の科学をもたらす日本人が「野蛮人」と呼ばれていたという点だけとってみても、「新しい科学」と「古い科学」という対立には、野蛮と文明という手垢にまみれた対立概念が無効であることを教えてくれる。そして、それ以上に、こうした対立に知の「死者へのまなざし」から光を当てた点こそ、本書の核心なのである。

一九五〇年三月二十日、李は、ほぼ三カ月後の朝鮮戦争勃発の報を聞くことなく、「新しい科学」の殿堂であるドイツの土の下に埋められた。彼は一度も朝鮮に戻らなかったが、この事実からも、死者となった彼が「調和のなかで自然に還ることができた」かどうかは疑わしい、という空想に駆られる。本書のタイトルは『鴨緑江は流れる』だ。「流れる fließt」という現在形にこめられた、自然の絶え間ない循環と人間の行為のはかなさは、なるほど、読者のほとんどを占める「西洋人」の東洋趣味や仏教世界への憧れをくすぐるものではあっただろう。だが、本書においてそういったオリエンタリズムは副次的なものにすぎない。本書でむしろ問われたのは、人間の知る態度である。自然の循環に「流されなかった」という否定の現在完了形である。流されなかったものとは、すなわち、彼を少年時代から支配し、決してゆるめられなかった知をめぐる緊張感だ。これによってのみ、かろうじて、二十世紀的な死の無意味な「大量生産」と「大量消費」に対して知が無力ではなくなる。「バチがあたる」という深層の知にも耐える知が、とりわけ大量殺戮を生み出した二十世紀の暴力を考えるために欠かせないのである。

この緊張感は、いまも世界各地で「自然と人間」あるいは「人間と人間」の不調和の増幅を生み出している。彼の生命がその不調和そのものであるならば、彼の死が自然の循環に融和するには、やはりまだ早すぎるのだ。

あれからしばらくして、田舎の墓がまた陥没した。

半年ぶりに帰郷する直前、父から電話で報告があった。このときとっさに、天罰、という説を立ててみた。するとすべてが釈然とするのである。それは、土を被せるときに骨がみえるのを期待した好奇心に対する罰かもしれないし、不謹慎にもビールをたんまり飲んだことへの罰かもしれない。そういえば、おいしい肉や刺身も食べたではないか。わたしたちの作業に対する取り組みの甘さや、日頃の悪行の数々さえ、頭をよぎっては消える。だが、欲深いわたしは、以上の悪行をそれほど後悔していない。そんなことよりも、日本の帝国主義が暴く朝鮮の死者と大地の匂いに、『鴨緑江は流れる』と墓の復旧作業によってようやく想像力を向けようとする自分の怠慢を、何かから隠したくなるのである。

このとき頭に浮かぶのは、「バチが当たるか当たらないか、世界の原理はそれだけである」という公式だ。これを確信できたら、もはやこの世界で知ることなどないのではないか。一瞬、やや迫力に欠けるメフィストーフェレスの誘いが、わたしをうわつかせる。縁を切れるほど学問を極めていないわたしの場合、三流のコメディでしかないにせよ。

冷静に考えれば、今度の原因は、復旧作業が完璧ではなかったうえに、梅雨が異常に長かったからだろう。この説に納得できるかどうかは、しかし、別の話である。

＊本稿は、一九九六年にドイツのEOS出版社から刊行された Mirok Li, *Der Yalu fließt: Eine Jugend in Korea* を元に執筆した。その後、二〇一〇年に草風館より邦訳（平井敏晴訳）が出版されている。ご関心のある方はぜひ手にとっていただきたい。

（……『Piraten』一号、二〇〇七年）

稲作と水爆　戦後秋田の『農民詩集』から

「ひりひりと割れていく農林十七号の青田だ」。

このような光景から始まる「形成期の雨」という詩は、一九五五年七月に新評論社から刊行された『農民詩集』に掲載されている。『農民詩集』の詩は、秋田を代表する作家のひとりである伊藤永之介を編者に据えたもので、「北方自由詩人集団」という秋田の詩人グループの詩が収められている。このグループはみずから村で仕事を持ちながら詩を書き、同人詩誌『処女地帯』を活躍の場としていた。

米作単作地帯が広がる秋田県は、戦前から農事試験場の支場が設置され、国家の農学研究の先端に位置し、東北のみならず植民地朝鮮にも普及した戦前・戦中のスター品種

「陸羽一三二号」を生み出していたが、一方で農民たちは、戦後においてもなお、農閑期には北海道やカムチャッカの鰊漁船に乗ったり、日本各地の水力発電所の工事に従事したり、若い娘を東海地方に女工として送り出したりして、なんとか食いつないでいた。

この「形成期の雨」の冒頭に登場する「農林一七号」も、宮城県の県立農事試験場で、西日本の有力種であった「旭」と東北の有力種であった「亀ノ尾」を交配して育成された「東北二五号」のことで、一九三六年から配布された水稲品種のことである。一九四〇年より国立農事試験場が推奨する水稲品種として、「農林」という名前が冠せられた。手持ちのデータによれば、一九四五年に三万五七〇〇ヘクタール、一九五五年には八万五二〇〇ヘクタール、全国で栽培されていたというから、一九三七年に二三万ヘクタールを超えた「陸羽一三二号」と比較すれば見劣りするものの、それでも普及に成功した品種といってよいだろう。低温に強いゆえに、福岡県では「藤坂五号」（青森県農業試験場藤坂試験地で育成、一九四九年に普及に移行）とともに、早期栽培用に導入されていた（石田良晴＋古城斉一「水稲早期栽培における挿秧時期に関する研究」『日本作物学会九州支部会報』第一二号、一九五八年）。

おそらくみずからも農夫である高橋重行によって書かれた「形成期の雨」は、日照りで苦しむ農夫たちが雨乞いを始め、やっと念願の雨が降ってきて歓喜に狂うが、実はその雨は「サタンのあめ」である、という悲劇的な収斂を迎える。

だが、あめ　あめ　サタンのあめだ
放射能からあめがふってどうなるというのだ
農夫の顔は蒼ざめていく

もちろん、この放射能は、一九五四年三月一日にアメリカによって行なわれた世界初の水爆実験が世界中に降らせたものにほかならない。第五福竜丸ばかりでなく、ビキニ環礁周縁の島々の住民たちも「死の灰」にさらされ、「健康調査」の対象となった。

このような世界的な科学技術の結晶である水爆実験は、『農民詩集』のいたるところに登場し、これだけでもこの詩集の史料的価値が推し量れるが、「形成期の雨」にはもうひとつの世界的な科学技術の結晶について記されている。それが「農林一七号」に代表される育種技術だ。「からっぽな手」と題された仲野谷清の詩にはこうある。

しょうれい品種というやらいうやつは
肥料をうんとくれれば

大収穫さ
そう思って百姓は胸算用し
肥料代を借金した

帝国日本が東北のみならず朝鮮でも奨励した「陸羽一三二号」も窒素肥料の反応が強い品種であった。この奨励品種を導入したら最後、肥料代の借金から逃れられない、というシステムをこの詩は表現しようとしている。このシステムは、もちろん、イギリス、アメリカ、ドイツおよび日本の合成窒素肥料企業が一九二〇年代から地球規模で展開しはじめるのと軌を一にしていた。

水爆の放射能にせよ、合成窒素肥料にせよ、あるいは放射線を当てて用いて育種した品種にしても、秋田の農夫たちには作れない疎遠なものであるにもかかわらず、その人びとを呪縛する。その縛りのなかのあがきが『農民詩集』の言葉となって、わたしたちをまた呪縛する。

(……『みんぱく』二〇一三年十二月

理想郷の現実的課題

アレクサンドル・チャヤーノフ『農民ユートピア国旅行記』

哀しき理想郷

『農民ユートピア国旅行記』（以下、『旅行記』）で描かれた国は、チャヤーノフにとって理想郷である。大規模資本家経営でもなく、農業集団化でもなく、個人的農民経営がこの国の経済制度の根幹にあり、商品流通も大商人ではなく、農民たちの組織した協同組合の手に握られているからである。個人的農民経営とは、労働者をできるかぎり雇わずに、もっぱら家族労働力を主軸として営む経営体のことである。これは、かつての日本ではよく「小農」と呼ばれていた。小農経営は、子どもの数が増え、家族のなかで消費者の占める割合が増えると、多少無理をしても所有地あるいは借地を広げて農業を営み、ひとつ、あるいは複数の副業に従事しながら（たとえば狩猟をして毛皮を売って）、収入を得ようとする。一方で、子どもも少なく、家族全体の消費意欲が少ない場合には、一定程度の仕事で満足してやめてしまう。資本家の経営では不利な行動とみなされるような家族経営の自然に根ざした経済行動こそが、小農経営の強靭さの理由である。これはチャヤーノフが一九二三年にベルリンで出版した主著『小農経済の原理』で主張した内容だが、ユートピア国の原理と大きく変わらない。

しかも、チャヤーノフがその理想郷を厳しい現実に対峙させた、ということにも注意を払わねばならない。当時、ボリシェヴィキ政権が、内戦を戦う赤軍と都市工業の活性化のために農村から厳しく余剰穀物を徴発していたからである。一九一八年六月に導入された戦時共産主義が農村を苦しめていた時期、市場原理を限定的に導入したネップ（新経済政策）への移行まであと一年という時期に、レーニンのボリシェヴィキとは距離をとりつつ、独自の協同組合主義を唱え、その運動に従事していたチャヤーノフは、農民の自発性を根幹に据えた社会を小説に描いたのである。

それにもかかわらず不思議なのは、なぜ、チャヤーノフの理想郷を部分的にではあれ描いたはずの小説の結末が、これほどまでに哀しく、寂しいのであろうか。なぜ、「オ能のある生命を人為的に選別する」優生学的な思想が、そして、クレムニョフが「暴政にまさる暴政」と叫ばざるをえなかった政治が、この国に根づいてしまっているのか。

もちろん、この旅行記が「第一部」で終わっていることには注意を払わなくてはならない。「第二部」が仮に執筆されていたらどんな結末だったのか、それを考えることも必要だろう。しかし、それでもチャヤーノフが第二部を書かなかった事実は重い。また、この国に大いなる違和感を抱いてしまったクレムニョフが、とぼとぼとあてのないユートピア国に戻ったあと、「ユートピア」の礼賛者に転向する物語を肯定的に描くのは、やはり想像しにくい。それほどまでに、クレムニョフのこのユートピアへの失望は大きかったといわざるをえない。タイムスリップ以後のクレムニョフは、以前は集団化路線に違和感を覚え、所有権の温存をはじめとする「ブルジョワ心理」への愛着を捨てきれなかった人物であり、その態度はタイムスリップ以後も変わりない。それゆえに、小農ユートピア国への失望は決定的だったと考えてよいだろう。

つまり、チャヤーノフの思考実験ともいうべきこの小説は、ある種の自己批判的機能を果たしているのである。なぜだろうか。筆者には、ロシア農業史の文脈に即してこの問題に挑戦するだけの知識がない（この文脈に関心のある読者は、小島修一および小島定の諸研究を参照）。ここでは、いささか遠回りではあるが、近代日本の農業思想の観点から、より具体的にいえば、日本の農学者の執筆した小説をひとつの参照軸としながら、この問題について考えてみたい。

比較項としての横井時敬

それは、横井時敬《ときよし》（一八六〇－一九二七）の『小説　模範町村』（一九〇七。以下、『模範町村』）である。作者は一八八〇年代から一九二〇年代にかけて、日本農学を牽引した人物だ。

横井時敬は、一八六〇年一月二十九日、肥後熊本藩士横井久右衛門時教の四男として生まれた。熊本洋学校を卒業後、一八七八年、駒場農学校の農学本科に入学、一八八〇年に同校を主席で卒業後、福岡県農学校教諭、福岡県勧業試験場長を経て、一八九〇年、農商務省農務局第一課長となり、一八九四年に帝国大学農科大学助教授に就任、一八九九年にドイツ留学後、同大学教授に進んだ。一九一一年に、「人物を畑に還す」という理念のもと、私立東京農業大学を創設、一九二七年まで初代学長を務めた。横井の説いた「実学」主義は、いまなお東京農業大学の支柱でありつづけている。横井は、地主との対決を前面に打ち出す小作争議には批判的であり、地主の「温情」を基礎に地方改良を進める内務省の路線のメガホン的な役割を果たした。

横井晩年の主著『小農に関する研究――日本の農業及農村に関する根本的研究』は、

一九二七年五月に丸善から出版された。これは、家族の労働力を最大限活用する小農の存在の国家的かつ経済的な意義を説いたもので、不在地主を批判し、肉体労働をする地主を称揚するという横井の農本思想が展開された書物である。注目すべきは、ここで横井がつぎのように述べていることである。

然るに先頃チャ、ノフの著書に就き、その梗概を訳述したのを見て、これに大なる刺激を与へられたかの如く、俄然《がぜん》小農に関する研究に向つて、一大光明を発見した。彼の農業経営の調査や、生産費調査などに於ての、労賃問題が又《ま》た余を啓発する所が多かつたやうでもある。要するに余が多年志したる小農経済学が、こゝに於て、不完全ながら成立の緒に就きたるの喜を発表することが出来た。

（適宜読点を句点に改めた）

「チャ、ノフ」の『小農経済の原理』が、磯邊秀俊と杉野忠夫の訳で刀水書房から出版されたのが一九二七年四月。横井の『小農に関する研究』はそのわずか一カ月後の五月である。横井が読んだのはこの訳書ではなく、「梗概」の「訳述」だったにもかかわらず、横井はチャヤーノフの議論に強く惹かれている。この二冊が同じ年にほとんど月をたがわずに出版された意味は、日本史のみならず、世界史においても、小さくないだろう。チャヤーノフと横井。横井はチャヤーノフより二十八歳も年上であるが、同時代に同じテーマに携わった農学者であることに違いはない。この二人の小農論者が、そろって理想農村の小説を書いた、あるいは書かざるをえなかった歴史的偶然に寄り添いながら、『模範町村』と比較しつつ『旅行記』の奇妙な結末について考えてみたい。

まず、基本的な情報からみてみよう。『旅行記』の刊行は一九二〇年。主人公は古参の社会主義者アレクセイ・ヴァシリエヴィチ・クレムニョフ。時代は一九八四年、つまり刊行の年から六十四年後である。舞台はモスクワ。都市であるが、「都市的居住地廃絶法」のあとで、居住人口は十万人程度にまで激減している。

他方、『模範町村』の刊行は一九〇七年十月であり、一九〇九年四月に第四版、一九一六年には第十版を記録している。横井の抱いた構想を、作家の徳田秋声が小説に仕立て直している。主人公は小田春雄という東京から田舎に帰ってきた青年医師。時代は一九〇〇年代、つまり、著者および読者の生きている時代である。舞台は、豊坂村という架空の農村。春雄は、この村の人びとの明るさ、西洋の知識を取り入れた病院、都会を上回る進歩、誰もが食事できる充実した公会堂、そしてこの村を作りあげた稲野村長に魅了され、元代議士で強欲な父親と、見栄っ張りな母親（実は、かつて稲野と結婚する予定だった）との確執を乗り越えて、病院の医師として働くことを決意するのである。

『模範町村』のほうが十三年も早く出版されていること、『旅行記』は未来、『模範町村』は現在であること、舞台も都市と農村で異なることなど、相違点も少なくない。しかし、どちらも現実にはない理想社会を描いているうえに、『旅行記』のモスクワも都市的居住廃絶法以後に農村化している以上、二冊とも二十世紀の第一クォーターに農業経済学者が理想農村を描いた小説である、という整理は可能であろうし、それにもとづく比較検討も、それほど強引な試みではないだろう。

興味深いのは、どちらの小説にも主人公の恋愛相手が登場することである。ちょうど、ウィリアム・モリスの『ユートピアだより』（一八九三）のように。クレムニョフは、社会主義国家の実現したモスクワでこう叫んでいたのだった。「老モリスよ、〔……〕君たちの孤独な夢想は、いまや一般的信念となり、この上ない暴挙と見えたものが公認の綱領、日常茶飯事となったのだ！　社会主義は、革命四年目にして自他ともに許す地球の全一的支配者となったのだ」。そのモリスの『ユートピアだより』には、エレンという女性が登場する。訳者のひとり和田春樹の解説にあるように、チャヤーノフはモリスのプロットを踏襲しているのである。『旅行記』には十七歳前後のカチェリーナが、『模範町村』では春雄が結婚を考えている村長の娘がいる。『模範町村』は二人の結婚が決まったことを最後に読者に伝えているが、『旅行記』の場合は、カチェリーナがクレムニョフに愛を告白したあと危機が迫っていると伝えて、彼のもとを去る。それぞれハッピーエンドとバッドエンドを象徴するのである。

ちなみに、モリスの『ユートピアだより』が堺枯川（堺利彦の筆名）によってはじめて邦訳されたのは一九〇四年十二月、『理想郷』というタイトルで平民文庫の一冊として出版された。『模範町村』の出版の三年前である。横井が『理想郷』を読んだかどうかは脱稿までに明らかにできなかったが、邦文欧文問わず読書を好んだ横井が興味を持った可能性も少なくないだろう。

労働と科学技術

ではさっそく、『旅行記』と『模範町村』を机のうえに並べて読み比べてみよう。

どちらの小説も、資本主義社会が人間の生き方に及ぼすとされる害悪を批判し、それを乗り越えることを目指している。どちらも都市中心主義を批判し、農村的な健康な生活を目標としている。

『模範町村』では、家族経営は解体されるどころか、村の中心に位置づけられている。

農は国本である、という思想も色濃い。また、「横井博士」という自分自身の分身である登場人物が作った農家五訓には、模範町村の理念が記されている。

一　家を富すは国家の為と心得奢侈《しゃし》を戒め勤倹の心掛肝要の事
一　家の富は事業の改良に原《もとづ》く事多きものなれば学理を応用する心掛肝要の事
一　家の幸福は社会の賜なれば公共の為には応分の勤めを尽し公徳を修むる心掛肝要の事
一　共同戮力《りくりょく》は最も大切な事なれば小異を捨て大同に合し個人とともに公共の利益を進むる心掛肝要の事
一　農民たるものは国民の模範的階級たるべきものと心得武士道の相続者を以て自らを任じ自重の心掛肝要の事

これらは、実際に横井時敬が説いていた五訓にほかならない。『横井博士全集』第五巻には、『模範町村』とともに横井自筆の五訓が収められていることからも、この五訓の重要性が分かるだろう。農民に、「科学の精神」と「公共の精神」の両方を持つよう説いている。

一方で、ロシアの「農民ユートピア国」の「偉大なる永遠の原理」は、個人的農民経営が「経済活動のもっとも完全な型」である、ということである。国家に忠誠を尽くすことは、ここではさして重要なことではない。むしろ、農民ユートピア国では、国家とは「社会生活組織の古くさくなった方法」であり、そのかわりに「社会」が制度の中心にある。

この原理がもっとも凝縮して表現されているのが、労働の領域にほかならない。労働をいかにとらえるかについては、『模範町村』はもちろん、『旅行記』読解の核になる部分であると思われる。

まず、『模範町村』からみてみよう。豊坂村の中心には公会堂が設置されている。ここには、娯楽施設のみならず、公衆食堂が設けられ、地域のコミュニティの拠点になっている。注目すべきなのは、ここに大きな時計台が備え付けられていることである。これが、農民が遊びに耽らないように監視しつづける。村のどこからもこの時計台がみえ、テイラー主義的に農民たちの労働効率の低下を阻止している。

時計台以外にも、豊坂村がいかに近代的な労働概念を農村に導入しようとしているかにかんする事例が豊富にある。まず、「田植の時と雖《いえど》も謳ふことを禁じた」。つまり、いわゆる「労作歌」が禁止されているのである。「労働」とは、近代に誕生した概念である。

この言葉が公的に使用されるのは二十世紀に入ってからであり、庶民のくらしに根づくのはそれよりもっと後である。それまで「労働」は、「はたらき」というような、さまざまな要素を（現在の労働管理の視点からすれば「無駄」と呼ばれるようなことさえも）含んだ多彩な行為の寄せ集めであった（武田晴人『仕事と日本人』）。「唄」と「労働」は未分化であったが、分業体制が進むにつれて、田植唄や稲こき唄などの労作唄が農村から消えていくことは、近代化をたどった国にみられる普遍的な現象である。豊坂村はまさに近代化の真っただ中にあるわけだ。

ほかにも、「それまで、田植のとき、衣服を着飾ったり、嫁を選定したりする風俗も、自然に改まる」と記されている。また、共同労働や共同購入が奨励され、協同組合の活動も盛んである。さらには、旧来の商人の複雑な慣習に支配された市場を取り除き、「公共的市場」を設立している。かといって、競争は失われない。生存競争の助長は村では必要不可欠である、という。豊坂村の労働は近代的労働なのである。

一方で、『旅行記』のユートピアは少し異なるようにみえる。ここでは、労働とは創造的行為だという。アレクセイの案内人であるミーニンはこう述べている。「人間は自然と向かいあい、労働は宇宙のあらゆる力と創造的に触れあって、新しい存在形態をつくりだしているわけです。労働する者一人一人が創造する者であり、それぞれの個性の発揮が労働の芸術であるわけです」。そして、村での農民的なくらしは、一番健康によく、一番バラエティに富んでいて、それが人間の自然な姿である、とミーニンは言う。資本主義および社会主義が期待する、第三者に制御されるような「労働」の概念を崩し、労働の担い手自身の自由な発想にゆだね、労働を美に再統合させることが、ここでは原則として目指されている。この本来の人間の自然な姿から人間を引きはがしたのが、「資本主義の悪魔」にほかならない、という。

ここには、モリスの継承者としてのチャヤーノフの姿さえ見ることもできよう。モリスのユートピアの住人は、労働には報酬は必要ない、「創造の喜び」だけで十分だ、と主人公に答えていたのだった。ここに、近代的な労働観を「神聖」化する『模範町村』との大きな違いがある。

ただし、重要なのは、チャヤーノフが理想の設計をこれだけで終えていないことである。たとえモリスのユートピアが訪れても、農民が余剰生産量を作るという意欲を保たないかぎり、食料生産量が急落し、飢饉が蔓延することを予想しているからだ。戦時共産主義が導入された内戦期のソヴィエト・ロシアで発生した深刻な飢饉を、チャヤーノフは同時代人として経験していた。それゆえに、「労働の刺激」のないことが生産力を下降させることを、ボリシェヴィキへの批判も込めてこの小説で述べている、とも読める。ミーニンは、この国では、出来高払い制、組織者へのボーナス、価格プレミアの上のせなど、経済的刺激を導入している、とクレムニョフに述べている。

モリスと異なるのはそれだけではない。この国は、現在の感覚からしても信じられないほどの農業生産力を誇っている。ミーニンによれば、収量は一デシャチーナ（≒一ヘクタール＝一〇〇メートル×一〇〇メートル）あたり五〇〇プード。一プードは一六・三八キログラムだから、一ヘクタールあたりの収量は八一九〇キログラムである。ちなみに、二〇一一年の日本全国の平均の小麦平均収量は一ヘクタールあたり三五一〇キログラム。同年の水稲の平均収量は一ヘクタールあたり五三〇〇キログラムである。ミーニンによれば、ユートピア国の農法は、「一穂一穂手塩にかけて世話をするやり方」だという。つまり、膨大な人口の農民たちによる「手作業」なのである。

チャヤーノフのユートピア国では、近代的な労働概念を解体し、芸術的な創造と結びつけることが念頭に置かれている。機械生産ではなく手作業を重視しつつ、一方で、経済的な刺激を与えて生産力を落とさないようにしている。

農業機械、農薬、化学肥料などに膨大な費用をかけて到達した現代日本の水稲生産量さえをも圧倒的に凌駕するこの生産力が、どうして手作業によって達成可能になったのか。これについては、『旅行記』のなかではっきりと説明されていない。序文を執筆したオルロフスキーは、徹底的な労働強化の可能性を示唆している。高度に緊張した労働、消耗的な長時間労働である。

たしかにそういう面もあるだろうが、それだけでは不十分であろう。というのは、創造的な労働は、単なる理想ではなく、この国の根幹の原理に位置づけられているからだ。では、生産性と芸術性をどのように併存させるのか。そこで注目したいのがこの国の科学技術である。

第一に、『旅行記』のなかでは、天候を自由に操ることのできる農業技術兼軍事技術の「磁気ステーション網メテオロフォール」も使用されている。これは科学技術の力によって天候をコントロールできるのみならず、敵国の軍隊さえも吹き飛ばすことができる。「土地整備の総合計画」もいうまでもなく見逃せないハイテクノロジーであるが、天候の制御は小説のなかでもとりわけ異彩を放つ技術だ。天候のコントロールは、旱魃や洪水を防ぐことができるだけでなく、農業生産に計画性をもたらすことから、その影響力ははかりしれないだろう。

第二に、優生学である。『旅行記』のなかでは、発達した生命科学の知識に基づいて、優秀な能力をもつ人間を残すことが実施されている。直接的には書かれていないが、これはいうまでもなく人間の労働能力の改良をも意味するだろう。小農的かつ工芸的な価値観を認め、農民を国家の主人公にすることと、天候の制御と遺伝的な改良を行なうことが、この国では、そしてチャヤーノフの思考実験のなかでは等価交換されているわけだ。もちろん、チャヤーノフはこの事実を芳しく思っていない。主人公アレクセイが「暴政だ」と叫ぶのは、まさにこの事実を知ったときなのだから。

興味深いことに、横井の『模範町村』でも科学技術の成果はふんだんに登場する。火力乾燥機、共同孵化器、温室の促成栽培など、どれもが豊坂村の文化水準の高さを証明するものとして描かれている。『模範町村』は、労働と娯楽の監視と規律、風紀の粛正、カリスマ村長の下の大同団結（批判者が生まれてもすぐに意見が一致する）、という面から、わたしはかつてファシズム的であると指摘したことがあるが、横井は自覚がないだけ、豊坂村は独特の同調圧力に満ちている（拙稿「二〇世紀農学のみた夢と悪夢――ナチスは農業をどう語ったのか？」）。

農民ユートピア国もまた、そういう意味ではファシズム体制と似てなくもない。生命の操作、科学技術信仰といった要素――これらは、社会主義体制では抑圧されてしまう「自由」「自発性」「創造性」といったものを労働の領域に温存するためには必要であった。これを無制限に解放してしまうと、社会がコントロールできなくなるからだ。それゆえ、直接的に身体と心理を制御するのではなく、生命機能や科学技術など、周縁的な場所での制御に力が投入されている。ソフトなコントロールが張り巡らされているのである。

小農経営と自然環境——チューネンを媒介に

それにしても、チャヤーノフは、どうして『旅行記』に天候をコントロールできる技術を描かざるをえなかったのか。作者の意図を知ることは難しい。当時のロシアで、天候の制御という夢がどのくらい語られていたか、調べることもできるかもしれない。あるいは、気象学の歴史を紐解くことも、何かのヒントを与えてくれるかもしれない。

だが、ここではチャヤーノフの学問および思想に即して考えてみたい。これまであまり注目されてこなかったが、『小農経済の原理』のドイツ語版（一九二三年）には、経済地理学的な観点から農民家族経営の特質が論じられているのである（一九二五年のロシア語改訂版では削除されている）。第七章「農業における立地問題と農民経済」がそれにほかならない。

この章では、ドイツの経済学者ヨハン・ハインリッヒ・フォン・チューネンの『農業と国民経済に関する孤立国』（一八二六年、以下『孤立国』）で展開された議論を批判的に発展させている。『孤立国』の冒頭でチューネンはこう宣言する。「一つの大都市が豊沃な平野の中央にあると考える。平野には舟運をやるべき川も運河もない、平野はまったく同一の土壌よりなり、至るところ耕作に適している。都市から最も遠く離れたところで平野は未耕の荒地に終わり、もってこの国は他の世界とまったく分離する」。

都市（市場）との距離だけが問題となるような、いわば無菌室のような思考の実験室で、チューネンは、彼自身が尊敬するアルブレヒト・ダニエル・テーアを批判する。近代農学の定礎をうち立てたテーアは、「輪栽式農法」をドイツ各地域に導入することを推奨していたからだ。イギリスからドイツに輸入されたこの「輪栽式農法」は、中世以来の「三圃制農法」のように三年に一度、休耕地（家畜を放牧させ、その糞尿で地力を回復する）を設置することなく、また「穀草式農法」のように短期の穀物栽培と比較的長期の牧草栽培を交互に繰り返すのでもなく、たとえば、小麦、クローバー（地力回復のために空中窒素固定細菌が根に共生しているマメ科植物を植える）、大麦、カブというように、休みなく土地を利用する農法である。チューネンは、北西ドイツのローストックから二十キロメートルほど離れたテロウ農場の経営主であったが、そこの詳細な簿記を分析しながらこう結論づける——原理的にいって、すべての地域で「輪栽式農法」を導入することは困難であり、市場からの距離だけを考えても「三圃制農法」や「穀草式農法」が適していることがある。チューネンの思想の中心には「地力」がある。地力を必要以上に収奪する農法を「次世代に対する責任」という倫理的観点から批判するのだ。

土地を単に生産構成要素としてみるのではなく、自然物としてもみているのである。

チャヤーノフはチューネンの理論を批判的に発展させる。農民経営を考えるさいには、「市場との距離」以外に土地の状態、気候その他の自然の条件、そして労賃の高低を決定する人口密度を考慮にいれるよう説く。自然環境にかんしては、こう述べている。

> 自然的与件は、収穫高や生産原価の高さに影響して、収益力計算を根本的に変化せしめるので、同一価格のところでも、すなわち同一等価線〔＝同じ穀物価格の地帯を区切る線のこと〕の地帯にあっても、自然的状態が異なるにしたがって、異なった経営方式が適当となることがある。
> 　こうして、適当な耕種方式の状態や分布の問題に答えるためには、等価線の網を自然地理的地図《フィージッシュ・ゲオグラーフィッシェ・カルテ》の上に描かねばならぬ。そして、価格の影響と共に自然的状態の影響を考慮に入れて初めて、人間の住む地域の各点について、いかなる経営方式とどの程度の集約度が生産諸力を活用して客観的にもっとも有利なものであるかを勘定することができる。（磯邊秀俊＋杉野忠夫訳。原典に基づいて一部改訳した）

これ以外に、チャヤーノフは、人口密度、つまり労賃の高低を重視する研究者を紹介している。だが、チャヤーノフは人口密度をそこまで重視していない。農民経済は、労賃の高低に完全に規定されるのではなく、とくに「経済活動の内容および技術的要因のもっとも有利な組み合わせにかんしては、市場の状況および自然地理的条件によって決定される」と述べているのである。これに対し、資本家的企業は、等価線と自然状態に相応して客観的に決定されるような場所を選ぶ。農民経営のように主観的な要因から立地を選ぶことが少ない、とチャヤーノフは述べる。つまり、小農経営は、主体的な要因が大きく、多少不利な条件でも経営できるので、経営地がある場所に集中することがない。一方で、企業家的農業経営は経済的に条件の整った場所に集中しやすい、というひとつの結論を導くことができるのである。

ここで特筆すべきなのは、チューネンからチャヤーノフへと引き継がれた「理想郷」の系譜である。まず、イギリス式の生産力の上昇と経営の利潤を最大視する農法が普及しはじめる時代において、土地の地力や個性を重視したことはやはり見逃せないだろう。もともとチューネンは、「孤立国」を「理想国」として描こうとしていたのだが、それを科学的分析に耐えうるように「モデル」に変換していたのだった（ハインツ・ハウスホーファー『近代ドイツ農業史』）。だが、それだけではない。『孤立国』の後半で、彼は「自然賃金」という理想を述べている。「自己の生産物に対する労働者の自然的な分け前は何か」という問いを立て、現在の労働者は次世代の子どもたちに十分な教育を与えるほどの賃金を与えられていない、という現状を撃つ。

現在は、一方の人間が肉体労働の重さにいまにも倒れそうになってその生をほとんど楽しむことができないでいて、片方の人間は労働を賤しみ身体を用いることを忘れて、健康と快活とを失っているのであるが――そうなると、ひょっとすれば大多数の身分が、その時間を精神的活動とほどよい肉体的労働とに分割し、人間はかくして再び彼の自然な状態と本来の姿――すべての力と素質とを発揮し完成する――に立ち返ることになるだろう。（近藤康男訳。原典に基づいて一部改訳した）

ここでチューネンもまた、モリスやチャヤーノフと同様に、労働と文化の再統合を目指している。労働者に支払われるべき労賃を、彼は$\sqrt{ap}$とする。aは労働者家族の年間家計費、pは年間労働生産物の売上高を指す。それらを乗じたものの平方根を求めるわけだ。つまり、労働者の必要な消費（とくに教育費）を念頭において賃金が確定されるべきだという理想を語っているのである。なお、この数式は彼の墓石に刻まれている。

チューネンが自然賃金の思想を強固なものにしていったのは、彼が共産主義運動に脅威を感じていたさなかでであった。マルクス主義者である訳者近藤康男が一九四六年に日本評論社から出版された『孤立国』の「解説」で、「私は彼の労賃論を読むことが好きであるとともに嫌いである」と述べている理由のひとつは、このあたりにあるのだろう。ただし、チューネンが、一八四八年四月十五日、テロウ農場の村民たちに、積み立てに基づく老齢年金制度のようなものを導入していることを見逃してはならない。この試みは、彼の理想の（不完全ではあるが）実現とヨーロッパを吹き荒れた一八四八年革命の影響をみなくてはいけないはずである。

つまり、チューネンが『孤立国』で描いた理想郷は、部分的ではあれ、労働概念および土地概念の再構築であり、より具体的にいえば、人間の内的かつ外的な「自然」の部分的な解放なのであって、さらに突き詰めていえば、次世代に生きる人びとへの責任を農業経営のなかに組み込むことだったのである。責任というのはもちろん、教育の付与と地力の維持である。

さて、ここで、チューネンの『孤立国』からチャヤーノフの『旅行記』に戻ろう。磁気ステーション網メテオロフォールの導入は、土地の起伏、温度の高低、土壌の状態、降雨の量など、自然地理的な特徴の平板化を意味している。生産高を無制限に上昇させていかざるをえない資本制ではなく、生産にブレーキをかけることができる農民経営の最大の特徴のひとつが、この技術の導入によって無意味なものになりかけている。

たしかに、都市は廃絶された。根底的な変革であることに違いはない。土地を選ばない小農経営の特徴を、チャヤーノフは『小農経済の原理』で打ち出すことになるが、『旅行記』ですでに都市を廃絶させたことの意味は、以上のことから重要であることが分かるであろう。小農経営が主な形態になれば、都市に人口が集中する理由はない。「独立した存在意義」があった都市から、社会的な結びつきの結節点となる場所へ——都市の意義がこのように根本的に変化する。それとともに、都市の「台座」にすぎなかった農村を世界の中心に据え直している。農村生活の結節点でしかない都市。「中央広場」にすぎない都市。モスクワには四〇〇万人分のホテルがあるが、宿泊者は居住者ではない。建物が集まっているところは「小都市」と呼ばれ、学校、図書館、演劇やダンス向けのホールがあるにすぎない。農村は、たしかに都市を征服したのである。

けれども、『旅行記』には、主題であるはずの、農地で働く人びとの顔がまったく描かれていない。農業集団化のプロパガンダの役割を果たしたセルゲイ・エイゼンシュテインの映画『全線』（一九二九）で登場するような、俳優として出演した農民たちの生きいきとした表情は、まったく出てこない。非常に平板な労働の状況さえ予測させるに十分なほど、労働描写に乏しい。農業労働は本当に芸術と結びついたのか。じつは、そうではない。労働と芸術との再統合を企画して、逆に、労働と科学技術を、つまり労働と管理システムとを強固に結びつけてしまったのである。自然としての人間および土地を農業経営へ組み込もうとしたチューネンの試みを、チャヤーノフは、科学技術のとてつもない進歩ということでしか描くことができず、それが自然環境および労働概念の再構築を悲劇へと追いやっているのである。

わたしはこれを、チャヤーノフの自分自身および農業経済学に対する警告であり、家族経営を主軸にした国家を建設するさいに陥りやすい落とし穴を指摘したもの、とみなしたい。ミーニンは、資本主義からの離脱によって、労働の芸術性を取り戻すことができることの裏返しとして、人間が「自然な状態に戻りやすい」ことを指摘している。その「怠惰」を食い止めるものとしての科学技術、そして優生学の導入、それがしかし逆に小農経営の解放性を喪失させるというパラドックス。『旅行記』の深刻さ、そして現実的課題は、ここにある。

躓きの石として文化

横井時敬もまた、『模範町村』で都市を痛烈に批判している。そもそも横井は都市憎悪を押し出して憚《はばか》らない人物であった。それは主人公春雄の両親を、嫌悪感を込めて描いていることからも分かる。一方で豊坂村は、村の「文芸の趣味開発」に力をいれる。青年団の演劇、舞踏、幻燈、講談、音楽、ビリヤード、そして、素人中心の催し物。これらが農村の味気なさを和らげ、都市以上の快楽をもたらす。たとえば仏教の宗派をひとつにまとめる。僧侶は村民の教化にあたる。家庭円満をアシストすること、大酒をやめさせること、怠け者を矯正することなどが彼らの課題である。豊坂村の宗教は、死人ばかりでなく、生きている人間を扱う、という。余った寺院は、別の公共の目的で使用するところまで徹底している。さらに、風俗倶楽部が風紀を粛正し、婚礼の簡素化も進むこの村は、『旅行記』に描かれた農村による都市の支配まで、あと一歩の理想郷であろう。

ちなみに、横井は、イギリスのエベネザー・ハワードの田園都市構想を意識していた。『思索と感想　鍬に杖をつきて』というエッセイ集のなかで、横井は『模範町村』が田舎から都会への「転亡」を予防し、都会の事業を田舎で行なわせるという「田園繁栄策」の「理想の一部を公にした」ものだと告白している。ただし、「ホワルド氏」の設計は都会の分散をイメージしているのに対し、横井は「田園に都市的趣味」を加えることが主目的だと述べ、ハワードとの違いも、強調している。

ただ、豊坂村の文化は画一的である。稲野村長の好みによって、「猥褻《みだら》な芝居」や浄瑠璃は廃れてしまっている。娯楽に没頭しないように時計が監視している。横井の理想化する「文明的農民」とは、このような類の農民なのである。

他方、チャヤーノフが『旅行記』に登場させた文化は多彩である。古典からアヴァンギャルドまで、さまざまな文化をユートピア国の住人たちは享受している。だが、ここで問題なのは、文化の受け手ではなく、作り手である。自然状態に戻りがちの農民たちは、文化を自ら創造できない。チャヤーノフのなかには、受け手も作り手も農民が担うような素人演劇に芸術的要素を認めるような横井のごとき発想がない。「天才」しか文化を生みださない、というのが『旅行記』の基本的認識である。その焦りは、横井にはない。チャヤーノフは、それゆえ、「天才」を生みだす方法を考える。これが生命操作、つまり優生学の導入のもうひとつの理由なのである。

さらに、両方とも徴兵制に高い評価がなされている。『模範町村』では、この村の青年たちが健康であり、「兵隊として評判の良い」ことが書かれている。もちろん、都市の文化に触れてしまうことに危惧を抱いているが、それは農学の講師を派遣することで解決されている。『旅行記』では、「二年間の軍事＝勤労」が「青年や娘たち」に義務付けられている。ユートピア国では兵士の力がなくとも、技術の力で外敵を追い払うことができる。ゆえに、兵役は陶治であり鍛練でしかない。「リズミカルな動作」や「土木工事」

や「行軍」は、すべて、この国の文化を高めるためなのである。

人間の生物学的な要素（肉体疲労、満足度、出産）を経済学的に評価することで、小農および農村の強靭さを訴えようとするチャヤーノフと横井は、一方で、人間の生物学的退化を恐れていた。文化が廃れ、自然状態に戻っていく危険性まで考えていた。それを埋め合わせるものとしての「天才」が、優生学であれ、カリスマ村長であれ、登場せざるをえないところに、そして軍事訓練に頼らざるをえないところに、この二つの小説が現代なお読まれるべき意味を認めずにはいられないのである。

「エコノミーとエコロジー」を超えて

最後に触れておかなくてはならないのは、チャヤーノフも横井も、あるいは、チューネンもまた、農業経済学者であった、という事実である。もちろん、横井は農学全般、チューネンは経済学全般に通じていたから、農業経済学者というレッテルでは窮屈かもしれない。チャヤーノフの学殖も、農業経済学の枠組みに収まるものではない。ただ、彼らの問題の関心が農業の経済学であったことは、やはり否定できないだろう。

この農業経済学とは、農学という理系の海のなかの孤島である社会科学の分野である。農業経済学という枠内で、政治や経営学、歴史などを学ぶ。三圃制も、村社会も、TP

Pも、トラクターも、バイオエタノールも、農業法人も、有機野菜もすべてこの分野の射程に入ってくる。幅広く、また捉えがたい学問である。

なぜか。それは、農業経済学が、地盤が不安定な、中途半端な位置に立っているからである。何が難しいのか。それは、生・死・分解の循環のなかで人間に有用な植物や動物を育てる行為である農作業が、経済学的な思考領域をやすやすと逸脱しては、観察者を困らせるからである。生産物が腐りやすいため、パソコンや自動車などよりも輸送が難しく、虫や病気や汚れがつきやすい。食べものに毒素が入り込めば、多くの人びとの生命が危機に瀕する。すでに、チャヤーノフの『小農経済の原理』でみたように、自然地理的条件にも大きく影響されることも見逃せない。それゆえ、機械化や労働管理も難しい。そこに経済学のタガをはめて、なんとか一経営の利潤を増やし、一国家の生産量を増やそうと考えたり、逆に農産物の適切な輸入の量を計算したりするものだから、手続きが複雑になるのである。『孤立国』の前半が科学的な、後半が倫理的な語り口であり、それらが異なった様相を呈しており、のちの学者たちを困らせたのも、その事例のひとつにすぎない。

しかし、ややこしいからこそ、ユニークな試みを生み出す可能性をはらんでいる。既成の経済観念が当てはまらない焦燥感が爽快感に感じるようになれば、おそらく、農業経済学の門をたたく心構えの完成であろう。農業経済学を学ぶものは、経済外的な要素と衝突し、悩み、取り込もうとしては逃げられる鬼ごっこをくりかえさざるをえない。この学の格闘場で、心性、家族、生物、土壌、そしてそれらをつなぐ生態系といった、現代社会においてしわ寄せが及んでいるものと対峙せざるをえなくなる。しかも、この試み自体は、農業経済学だけの問題ではもはやない。これからの学問総体の課題として、経済学と生態学の融合が必然だからである。農業経済学の歴史は、その前史のひとつにすぎない。

チャヤーノフは農業経済学者として、こうした文化的・生態学的・心理的な要因と真摯に向き合った稀有な農業経済学者であるため、現在でもその影響力は大きい。最近では、友部謙一の人口学的観点からまとめられた日本農業史研究からも、チャヤーノフの影響力の息の長さをうかがい知ることができよう。

農業経済学の歴史を整理し、その「原論」の構築に挑戦した原洋之介も、チャヤーノフおよび友部謙一の仕事に触れながら、つぎのように述べている。

自然、家族そして市場の三つの領域が交錯しあう「場」となっているペザント・エコノミーは、家族経済という生産様式が資本主義経済に対する予想以上の適応能力をもっていたことを明らかにしてくれている。さまざまな「市場経済」――土地、労働、農産物などの市場――にかかわりながら、その生計を維持してきた「家族労働単位」の強靭性は、歴史を通じて解体されることはなかった。

ちょうど玉野井芳郎がそうであったように、原は従来の市場原理主義的な経済学を批判し、エコノミーとエコロジーの理論的な合一をめざそうとしている。経済学の扱い切れない部分をみつめざるをえない農業経済学は、その絶好の位置に立っている、というメッセージだ。

もちろん、生態系が復元不可能な状態まで破壊された現在、以上のような経済学の可能性を探求することは喫緊の課題であろう。だが、チャヤーノフによる自覚的な小農主義批判と、横井による無自覚的な小農主義の陥穽の指摘は、すでに述べたように、エコノミーとエコロジーの統合が一筋縄ではいかないと警告している。魅力的であるだけにいっそう危険を伴う作業なのである。チャヤーノフの訳者であり彼の小農論に大きな影響を受けた杉野忠夫がやがて満洲移民運動のイデオローグとなっていくことも（拙稿「学に刻まれた満洲の記憶――杉野忠夫の「農業拓殖学」」）、また共訳者である磯邊秀俊がヒトラー政権下のドイツに留学し、帰国後『ナチス農業の建設過程』を著すことで、ナチス農業政策の先駆性を（冷静な筆致ではあるが）紹介していることも、さらにそのふたりがともに、戦後、過去の自分との直接的な対決を回避し、東京農業大学拓殖学科および東京大学農学部で農業経済学者として活躍していくことも、すべてこの危険性の一例にすぎない。

それでは、どのような視角が、来たるべき学問に、すなわち、生命現象と経済現象を同時に説明しうる学問に求められるべきなのか。二つの作品に即して二点ほど指摘し、本稿を終えたい。

一つは、再生産過程を「家族」に過重に負担させる構造を脱却するような構図を描くことである。社会が成り立つうえで家族はきわめて重要な要素である。しかし、家族を経済学の前提に据えてしまうと、その再生産過程がブラックボックス化してしまい、逆に家族が果たしてきた台所仕事、生殖、育児のようなはたらきが軽視されてしまう。『旅行記』でいえば、タイムトリップの直前に、一九二一年十月二十七日の法令にしたがって、台所の廃絶が実現することが読者に伝えられていることにも、注意を払うべきだろう。クレムニョフはそれへの違和感を隠さない。第七章の表題が「家庭は家庭であり、永久に存続することを、そのことを望むすべての人に確信させる章」であるように、家族制度の継続こそがこの小説の現実に対する挑戦なのである。だが、これだけでは、家族のブラックボックス化は解決されない(『旅行記』ドイツ語版の解説者クリシナ・メネッケ＝ジェンジェシは、チャヤーノフの弱点は女性の位置づけだと述べている)。その点、豊坂村の公会堂の公衆食堂的かつ娯楽的機能は、興味深い事例を提供してくれている。家族という枠組みは残しつつも、その機能的な負担軽減が描かれているからである。

二つ目は、文化を分析の軸のひとつに据えることである。チャヤーノフも、あるいは原も玉野井も経済学者であり、経済学者の内在的な批判から経済学の可能性を訴えた功績は大きい。しかも、理論のなかで「カネの循環」と「物質の循環」に地域という第三項を加えることで、視野は明らかに広がっている。だが、彼らがとらえようとしている問題は、経済学の拡張だけでとらえられる問題ではない。生態系、経済、地域の三点に、文化という第四項を加え、四点がバランスを保った知の体系ができてこそ、生態環境のなかで「労働」(と近代において規定されたもの)を再解釈する試みが可能になると思われる。経済学が中心である必要はない。哲学が中心である必要もない。中心のない、いわば知の生態学こそが描かれなければならない。チャヤーノフと横井は、ふたりとも経済学に軸を置いていながら、その周縁でしかない文化の重要性に着目した珍しい農業経済学者であった。ただ、二人とも文化を「天才」の問題に回収したり、「余暇」という概念に押し込めたりすることで平板に扱ってしまった。つまり、文化の問題として「労働」を再解釈するところまで至っていないのである。

居場所を失った人びと、あるいは、それを失いつつある人びとのためにのみ、理想郷を描くことがわたしたちにはゆるされている。このとき、理想郷は、その人びとの生死を左右しかねない現実的課題を帯びてくる。労働を喜びに変える、という理想もそれだけでは単なる夢想にすぎない。経済、地域、生態系、そして文化に根を張ることによって、理想ははじめて現実的な力を開花しはじめるのである。

参考文献

磯邊秀俊『ナチス農業の建設過程』(東洋書館、一九四三)。

小島定「ア・ヴェ・チャヤーノフの『協同組合論』——ネオ・ナロードニキ主義の農村協同化構想」(『商学論集』第五〇巻第三号、一九八二)。

小島修一『ロシア農業思想史の研究』(ミネルヴァ書房、一九八七)。

武田晴人『仕事と日本人』(ちくま新書、二〇〇八)。

玉野井芳郎『エコノミーとエコロジー——広義の経済学への道』（みすず書房、一九七八）。

ヨハン・ハインリッヒ・フォン・チューネン『孤立国』（近藤康男＋熊代幸雄訳、日本経済評論社、一九八九）。

友部謙一『前工業化期日本の農家経済——主体均衡と市場経済』（有斐閣、二〇〇七）。

原洋之介『「農」をどう捉えるか——市場原理主義と農業経済原論』（書房工房早川、二〇〇六）。

ハインツ・ハウスホーファー『近代ドイツ農業史』（三好正喜＋祖田修訳、未来社、一九七三）。

藤原辰史「もうひとつのチャヤーノフ受容史——橋本伝左衛門の理論と実践」（『現代文明論』第三巻、二〇〇二）。

藤原辰史「学に刻まれた満洲の記憶——杉野忠夫の「農業拓殖学」」（山本有造編『満洲　記憶と歴史』京都大学学術出版会、二〇〇七）。

藤原辰史「二〇世紀農学のみた夢と悪夢——ナチスは農業をどう語ったのか？」（『生物資源から考える二一世紀の農学　第七巻　生物資源問題と世界』京都大学学術出版会、二〇〇七）。

ウィリアム・モリス『ユートピア便り』（五島茂＋飯塚一郎訳、中公クラシックス、二〇〇四）。

横井時敬『小説　模範町村』（読売新聞社、一九〇七）。

横井時敬『横井博士全集第五巻』（大日本農会、一九二四年）。

Thünen, Johann Heinrich von, *Der isolierte Staat in Beziehung auf Landwirtschaft und Nationalökonomie*, Vierte, unveränderte Auflage, Gustav Fischer Verlag, Stuttgart 1966.

Thajanow, Alexander W., *Die Lehre von der bäuerlichen Wirtschaft: Versuch einer Theorie der Familienwirtschaft im Landbau*, Verlagsbuchhandlung Paul Parey, Berlin 1923.

Thajanow, Alexander W., *Reise meines Bruders Alexej ins Land der bäuerlichen Utopie*, Syndikat, Frankfurt am Main 1981.

（……………A・チャヤーノフ『農民ユートピア国旅行記』所収、平凡社ライブラリー、二〇一三年六月

III

台所の未来

「食べること」の救出に向けて

『ナチスのキッチン』あとがきにかえて

ヴィクトール・E・フランクルは、アウシュヴィッツ強制収容所に収容されていたときの自分の身体について、こう振り返っている。「皮下脂肪の最後の残りまで費やされてしまうと、われわれは皮膚とその上にいくらかボロを纏った骸骨のように見えるのであった。そしてその時われわれは如何に身体が自分自身を貪り始めたかを見うるのであった、すなわち有機体が自らの蛋白質を食いつくし筋肉組織が消えて行くのである」（霜山徳爾訳）。

『夜と霧』という邦題で知られている彼の『強制収容所における一心理学者の体験』（一九四七）を、本書執筆の最後の段階で読み返したとき、この一節に目が留まった。フランクルはつづけて、自分の身体が自分のものではなく、ただの肉のように感じたとも証言していて、衝撃はさらに深まったのである。

　ダッハウ、アウシュヴィッツ、ザクセンハウゼン、ノイエンガメ、トレブリンカなど、どこのナチスの強制収容所にも厨房と食堂があった。厨房で作られたのは「水のようなスープ」だった、と幾人もの生存者が証言している。そこに浮かぶ、あるいは沈んでいるわずかな具材が自分の器のなかに滑り込むかどうかは、囚人と呼ばれた人たちにとって極めて大きな日常の関心事だった。囚人たちは、基本的に一日一回のスープとパンで、重労働に従事するエネルギーを体内に蓄えた。もちろん、その過程で命を落としていく囚人たちも多かった。逃亡を図って射殺されたり、チフスで命を失ったりもした。

　囚人たちは、法的な保護の外に置かれていた。それでもナチスは、彼らや彼女らから台所まで奪いはしなかった。罰として食事が抜かれることがあっても、許されれば食事が与えられた。囚人たちは、それでもまだ「労働力」だったからだ。戦争の遂行とともにドイツ人労働力が圧倒的に不足するなかで、強制収容所に工場を併設したのは、一部企業化していた親衛隊だけではない。ＩＧファルベン、クルップ、そして本書『ナチスのキッチン――「食べること」の環境史』でもたびたび登場した電機メーカーのジーメンスが、人間の基本的な権利を奪われたアウシュヴィッツの囚人たちを、コストの極めて安い労働力として利用したのである。これらの大企業は、ヴァイマル時代にテイラー・システムやフォーディズムの洗礼を受け、産業の合理化を進めており、ほかの地域に建設された収容所でも、人権思想が人口に膾炙して以来おそらくもっとも安価な労働力を用いて、企業は利潤を得ていたのである。

ようするに、『夜と霧』を再読して気づいたことは、企業の労働力として考えたときの囚人のコストの安さの秘密は、自分自身を食べることにあった、という単純な事実である。毎日収容所から配給される食べものだけでは生命を維持できない囚人たちは、フランクルのいうように、ひとかけらのパンを食べつくしたあと、ついには自分たちを食べはじめる。自分たちの肉体に残っている脂質を、そして筋肉組織を、貪りはじめるのである。刃物も火も必要としない、究極的な台所の合理化といえよう。

もちろん、歴史研究者は、「究極」という言葉を安易に用いることを、慎まなくてはならない。台所を奪われることの悲惨さは、労働力として収容所に残ることができた幸運な囚人たちよりも、ガス室に送られ、焼却炉で灰にされた人びとにもっとも端的に象徴されているからだ。飢えに悩まされながら数日間貨車に乗って到着したその終着駅で、彼らや彼女らは、「食堂」ではなく、「浴室」に連れて行かれる。

しかし、空腹だった囚人たちが、連れて行かれた建物の壁に「浴室」という言葉を見たとき、何を思ったのか、わたしたちは知ることができない。彼らや彼女らは、身に着けているものをすべて奪われたあと、言葉さえ残すことも許されぬまま、「浴室」という名のガス室に連れて行かれたからである。それゆえ、史料が残っている範囲に考察を限定するならば、わたしはやはり、近代の台所の究極の姿を、みずからの身体を「肉」ととらえた囚人たちに認めざるをえない。収容所の台所から、ほとんどまともな食べものが出てこない以上、囚人たちは、自分たちの身体のなかに、刃物も火も必要ないもっとも効率のよい、もっともコンパクトな台所を建設する。台所で制圧するのは、動植物ではなく、自分自身である。このような状況に対する一種のとまどいを、フランクルは的確に「人間の肉でしかない」と表現したのである。

ところで、本書では、もうひとつ、近代のキッチンの「究極の姿」を紹介した。主婦は「機械」になるべきだ、という第二次世界大戦下ドイツのレシピ集『料理をしよう!』の表現である。台所のなかに人間が埋め込まれる、というものだ。非戦闘員も容赦なく戦争に巻き込む総力戦のなかで、主婦に要請されたのは、機械のように寸分の間違いもなく、ありとあらゆる無駄を排除し、台所仕事をこなすことであった。

「人間のなかに台所を埋め込むこと」と「台所のなかに人間を埋め込むこと」――それ

ぞれ台所の合理化を強制させられた囚人と主婦は、なるほどたしかに、まったく次元の異なる存在である。かたや国家の保護の外に置かれた人びと、かたや国家の保護の内にいた人びとである。しかしながら、わたしは、この両者のあり方に、近現代人が求めてきた食の機能主義の究極的な姿を認めざるをえない。どちらも、人間ではなくシステムを優先し、どちらも、「食べること」という人類の基本的な文化行為をかぎりなく「栄養摂取」に近づけているのだ。

いうまでもなく、このような近代キッチンの五里霧中状態、「食べること」の凋衰《ちょうすい》は、現在の日本社会でも日常的に見ることができる。たとえば、食べる時間を削って仕事に充ててきた日本の猛烈サラリーマンたちの行き着いた先が、「瞬間チャージ」が謳われる栄養機能食品であったことは、無数のドラッグストアやコンビニエンスストアが証言してくれるだろう。猛烈に働いたお金で購入した豪華なマンションの豪華なシステムキッチンを、結局、仕事が多忙なあまりほとんど使用しない、あるいは汚したくないので火や油は使わない、という話もしばしば耳にする。葉緑体を体内に埋め込み、太陽光でブドウ糖を生産する技術が開発され、台所と食事を廃棄する日もそう遠くはないのだろう。

では、どうして、「食べること」はここまで衰微してしまったのだろうか。どうして、強制収容所というわたしたちの生活世界からもっとも遠いところの現象が、こんなにもリアルに感じられるのだろうか。

これは、端的に言ってしまえば、この世界が、ナチズムと陸続きだからである。「餓死」や「孤独死」はそれほど珍しいことではない。二十四時間営業のコンビニや居酒屋の「雇われ店長」、あるいは慢性的に労働力が不足する看護師に、彼らの執行部が求める仕事の量と質は、場合によっては、人間の生命維持活動に支障を来たすほどである。

ただ、この日本でさえ恵まれている、といわざるをえない現実もある。いま、地球は、飢餓人口を十億人近く抱えていると推定されている。人間は、不思議なことに、七分の一の住人が飢えている街には住みたくないと感じるが、七分の一の住人が飢えている星には平然と住めるのだ。なるほど、国連はその減少を目指し、警告を鳴らしつづけている。しかし、飢える人びとの数だけ世界経済の最低労働賃金の水準を安く設定できる以上、飢餓人口が減ることはないだろう。飢える人びとは、難民や政治犯や失業者というかたちで社会から排除させられたために、やむをえず、台所をみずからの身体に埋め込まねばならない。難民キャンプやシェルターにたどり着けなければ、彼らや彼女らは、最終的にはみずからを食べはじめ、痩せ衰えていく。この現在の状況と、フランクルの証言から垣間見える強制収容所の状況は、どれほど異なるだろうか。少なくともわたしは、あまり大きな違いを見つけることができない。まるで地球全体がナチ化しているかのようではないか。

では、どうして、このようなことになったのか。

それは、いま、地球上を覆う資本主義というシステムの問題に尽きる。資本主義が、一本の長い槍のような右肩上がりの発展という物語を紡げたのは、その土台に持続的な循環システムがあったからである。たしかに、資本主義も循環をもつ。お金と景気が循環して成り立っている。だが、それは真の循環ではない。これはただ、つるつると世界を回っているだけである。真の循環システムが、絶え間なく、労働力と自然資源という絶対に工場で作ることのできないものを市場に供給し、生物の死骸を土に戻すからこそ、猛烈サラリーマンは猛烈たりえたのだ。

たとえば、土壌という暗闇の世界では無数の小動物、昆虫、バクテリアが活動しているが、その分解作用によって、有機物は無機物になり、植物に吸い上げられて、その植物は動物や人間に食べられる。大気や水が循環することで、工場の排出した煙や廃棄物は拡散し、人間社会には絶え間なく淡水が供給される。森林は、二酸化炭素を吸って酸素を吐き出しながら光合成を行なう。自然のコストが安いのは、それが、人間が構築できないほど高度な循環システムを有しているからである。

これと同じように家庭もまた、社会の循環システムを担っていた。労働力は、毎日、天から降ってきたり、土の中から湧いてきたりするわけではない。疲れ果てた夫や子どもや自分の肉体と精神を明日の出勤・通学時刻までに回復させ、老化し消耗し続ける夫や自分に代わる次世代の労働力を、みずからの子宮とベビーカーで育て上げる無限の愛の空間——つまり「家庭」がなければ、資本主義は成り立たないのである。

さらには、底辺社会もまた循環システムにほかならなかった。それはちょうど、明治時代の作家・ジャーナリストとして知られる松原岩五郎が『最暗黒之東京』(一八九三)のなかで活写した、残飯屋の光景に体現されている。ここでは、士官学校の給食や歓楽街の料理の残りものを、残飯屋がスラムに運び、安い値段で売る。これによって、本来はゴミになるはずの残飯が食事となり、低コストで慢性的に飢えている底辺の住人の明日のエネルギーに変換される。この底辺の住人は、日雇い労働者として、つまり、日本経済の最低賃金水準の労働力として、社会を支えることになる。底辺のギリギリの生命維持費用によってこそ、安価な賃金が生まれ、そのラインが、それよりも少しだけ賃金の高い労働者の賃金カットを正当化していく。

松原の著書のタイトルがいみじくも表現しているように、自前で循環する底辺社会は「最暗黒」と名指され、不可視化されてきた。そして、イヴァン・イリイチが家事労働をシャドウ・ワークと呼んだように、家庭もまた、市場の評価の外に置かれ、それゆえ、市場世界のアクターの視界から閉ざされてきた。たくましい想像力がなければ、自分の留守中の家のことや、地面の下の豊かな生態系を思い描くことは難しい。しかし、その闇から、資本主義は容赦なく労働力と自然資源を吸い上げつづけてきたのだ。当然ながら、循環世界は疲弊する。足尾鉱毒事件や水俣病などの「公害」と呼ばれる企業害から家庭内暴力に至るまで、疲弊現象は、さまざまな場面で噴出しているのである。

こうした疲弊は、場合によっては自由主義者たちよりも熱心に進歩を信じた社会主義者やその社会も免れることはなかった。過剰な灌漑整備によるアラル海の縮小や、東ドイツの大気・河川汚染など、あるいは社会主義革命を目指した少なからぬ男たちが古典的な女性観から自由ではなかったことなど、事例には事欠かない。経済史家のイマニュエル・ウォーラステインが『史的システムとしての資本主義』（一九九五）のなかで、「社会主義的人間」とはテイラー主義的な猛烈人間だ、と言ったように、社会を科学によって進歩させようとするテイラー主義に対し、社会主義が現実社会の突破口を見たことは間違いない。社会主義もまた「史的システムとしての資本主義」の一部であるというウォーラステインは、この意味でも正しい。

だが、この疲弊は、現代資本主義の成立期からすでに支配者も無視できないほどに深まっていた。資本主義の土台を支える循環過程を破壊することは、資本主義自身の存在を危うくする。世紀転換期に世界分割がほぼ終わり、列強が無尽蔵な人的および自然資源の吸収を望めなくなったとき、資本主義は、テイラー・システムを発明したのである。これは台所に導入され、主婦の仕事の軽減をはかる。さらに、それに強く影響を受けた建築家たちが貧しい労働者のために団地を設計し、そこにモダン・キッチンを設置したことは本書で述べたとおりである。これによって、労働力の再生産は息を吹き返したようにみえた。

ところが、テイラー・システムにはふたつの大きな落とし穴があった。ひとつは、「シャドウ・ワーク」に科学の光が当てられたことで、台所もまた市場経済に併呑されてしまったことである。主婦のまわりのあらゆるものが商品化し、主婦の仕事は軽減したようにみえたが、新しい高価な電化製品を購入するために家計はますます苦しくなり、新しい家電が増えることで「お母さんは忙しくなるばかり」――ここに悪循環が生まれる。

もうひとつは、これまで繰り返し述べたように、生活のなかでこれまですり込まれた身体や精神の癖をリセットし、動物の調教のように「科学」をたたき込まなければ成り立たない、という基本理念だ。こうなると、「人間」はシステムから退場せざるをえない。

「人間のなかに台所を埋め込むこと」と「台所のなかに人間を埋め込むこと」は、この落とし穴にはまってしまった結果なのだ。そして、労働者たちが団結して声をあげることによって多少なりとも抑えられてきた「労働者が人間であることを忘れたい」という巨大企業の衝動が、ドイツ国家の法の外にある強制収容所の囚人において噴出したのである。

つまり、ナチスの強制収容所の囚人たちは、よくいわれるように近代市民社会＝資本主義社会に抵抗することが何をもたらすかを指し示していたのではなく、資本主義発達史の光によって閉ざされてきた陰の循環過程が帯びるこのうえない悲惨さを、素直に表わしていたのだった。労働の代価として、生命をギリギリで保つ分量のパンとスープだけしか与えないという施設は、人件費を極限までゼロに近づけるという資本主義によって実現された「ユートピア」でもある。この、一度表出した無意識は元に戻りえないし、現に戻っていない。ナチズムは、テイラー主義によって、資本主義の無意識を暴走させたのである。

では、わたしたちは、どのようにして資本主義社会の「迷える子羊」である台所を救出し、再生できるのだろうか。

フランツ・カフカの「断食芸人 Hungerkünstler」という作品は、台所を救出するためのヒントを与えてくれる。これは「飢え Hunger」を「芸術 Kunst」として生計を立てる男を描いた短篇小説である。第一次世界大戦後の食糧欠乏のなか、旧ドイツ帝国や旧ハプスブルク帝国内の社会の底辺での飢餓がようやく落ち着き始めた一九二二年に、この小説が発表された歴史的な意味は、小さくないだろう。カフカは、断食芸人への関心が世間から失われていく様子を淡々と描いている。

しかし、この断食芸人が孤立していく過程は、逆にいえば、飢餓とは自分自身を料理し、食べることにある、という事実を近現代人が忘れていく過程と、奇妙に重なり合っている。毎日の食事に潜む美も、日々飢え死にする子どもたちをも忘却の彼方に押し込むことで、ようやくこの世界は、愉快そうに、かつ楽しそうにみえる。しかも、断食芸人は、死ぬ間際に、「いったいどうして他にしようがなかったのか」と尋ねた監督の耳元で、唇を尖らせながらこうささやいている。「自分の口にあう食べものを見つけられなかったからだよ。見つけていたら、こんな見世物なんてやらなかっただろうし、あんたや他のみんなと同じように、腹いっぱいに食べていたことだろう」。断食芸人は、世界の「食べること」と「食べるもの」の美学的な劣化を告発したあと、藁くずと一緒に廃棄されていくのである。

この救いようのない話は、しかし、ひとつの台所救出の鍵を暗示しているように思える。「料理をすること」と「食べること」は、それがたとえ毎日繰り返されるものであっても芸術と呼ぶに値する美的行為である、という事実である。断食芸人は、本当に自分にとって美味しいと思える食べものと出会ったとき、断食という芸を捨てただろう。ということは、「美味しい」という感覚を心から味わえなかったからこそ、飢え、つまり自分自身を食べることによって「美」を求めたのである。

これが意味するのは、これまで成長至上主義的な「直線世界」によって「闇」だの「影」だとと形容されてきた「循環世界」には、実は「直線世界」よりも充実した美や生が存在している、ということである。もちろん、残飯屋でしか生きていけないという生活は、あってはならない。ひとつの性だけが台所のなかに拘束されるということも、けっして良いことではない。飢えは、地球上から追放されなければならない。「最暗黒」は理想郷であってはならないのだ。

だが、もしも、これらの「循環世界」が、一家庭、一社会の外へと拡がって別の家庭や社会と結びつき、街頭に台所が増殖し、そこで過ごす時間を資本主義社会の発展ために過ごす時間から奪還し、その台所からコミュニティが再生または誕生し、まったく新しい巨大な「最暗黒＝循環世界」のネットワークを紡いでいったら、そのとき、「最暗黒」とそれを照らそうとする「光」は反転するだろう。みんなで一緒に作って、食べて、片づけることは、実に楽しく、美しい。その時間を惜しんで成長に邁進する社会こそが「最暗黒」であったことに、光の世界の住人たちは、そのとき初めて気づくはずである。

（…………………………拙著『ナチスのキッチン』所収、水声社、二〇一二年五月）

アイントップの日曜日

第一次世界大戦の後半、ドイツの銃後はイギリスの海上封鎖によって飢餓に苦しんだ。これを歴史の教訓としたナチスは、政権獲得後、国内の食料自給自足を訴える。たしかに、一九三四／三五年の統計では、カロリーベースで八一パーセントの自給率であり、現在の日本の四〇パーセントと比較すれば雲泥の差だ。だが、軍事的・経済的に独立した国家を目指すナチスにとっては、これでもまだ高い数値ではなかった。

この目標を達成するために、主に二つの面から政策が進められる。第一に、食料の増産、つまり農民の動員である。一九三四年から始まった「生産戦」という増産運動のもと、限られた資源で合理的に経営するように宣伝・指導がなされた。

そして第二に、消費の統制、つまり主婦の動員だ。一九三六年から始まった「無駄なくせ闘争」では、食料が虫や霜によって傷まないように保存したり、国産の食材を用いたりするよう各家庭に注意を促した。

以上のような一連の食政策のなかでひときわユニークなのが、一九三三年に始まる「アイントップの日曜日」運動である。これは、毎年十月から翌年三月までの第一日曜日に、ドイツの伝統的な鍋料理で兵士の代表的な野戦食でもあったアイントップを国民全員が食べるというものだ。人びとは、各家庭、高級レストラン、あるいは街頭の特設食堂でこの料理を食べ、それによって浮いた食費を冬季救済事業の募金に回す。それを失業者救済や母性保護の福祉活動費に充てることが目的だ。

実は、この運動の目的にも食料自給自足が掲げられていた。アイントップには、肉よりも国産野菜を用いることが推奨されたからである。統計によれば、ドイツの国内土地総生産食料のうち、カロリー換算で六五パーセントが家畜の飼料に用いられていた。土地は限られているのだから、家畜よりも人間の食料に重点を置くべきだというのである。

さらに、こうした穀物・野菜中心の食事は、健康を保持し、ガンのリスクが減るという理由で、国民厚生政策の観点からも推奨される。ヒトラー、ヒムラー、ヘスらナチ党幹部が菜食を好んだことも、ナチスの健康至上主義の一端を示していて興味深い。

ところで、アイントップとはどんな料理だったのか。戦前・戦中・戦後と活躍した料理研究家のエルナ・ホルンは、一九三三年、『アイントップ——ドイツの節約料理』を上梓している。序文はナチ党幹部の妻が執筆している。

レシピを覗いてみよう。たとえば「残りもののアイントップ」。一鍋分の食材は、「野菜あるいは肉の残りもの／キュウリのピクルス　二個／サワークリーム　コップ一杯／ジャガイモ　一～一・五キログラム／タマネギ、調味料」。みじん切りにしたタマネギと炒めた粉ふきいもを、ピクルス、野菜、肉の屑で煮込んだスープに加え、最後にマギーの調味料で味を調《ととの》える、というものである。

資源の節約、国民の健康、自給自足といった政策を胃袋に訴える「アイントップの日曜日」運動。それほど人気のある政策ではなく、自給率上昇に貢献することはなかったが、普段意識にのぼりにくい身体感覚に浸透しているだけ、やはり、強力な動員だったといわざるをえない。

（……………『ヒトラーと第三帝国の真実』学研パブリッシング、二〇一三年二月

貧民窟の食生活

一八九二年十一月十一日、『国民新聞』で「芝浦の朝烟（最暗黒の東京）」という連載がスタートした。これは、途中、何度か中断を挟みつつ、「最暗黒の東京」、「探検実記　東京の最下層」、「探検実記　夜の東京」、「東京　最暗黒の生活」とタイトルを変えながら、八月二十三日までほぼ十カ月にわたって掲載された。いわば、スラム潜入記である。この連載は好評を博し、一九八三年十一月九日、『最暗黒の東京』というタイトルで民友社から出版された。

この著者は、松原岩五郎、筆名は乾坤一布衣。出版当時二十七歳の彼が『最暗黒の東京』のなかで描く東京の下層社会は、いまなお読者をとらえて離さない。とりわけ、東京三大スラムのひとつ、四谷鮫ヶ橋の残飯屋の描写はすさまじい。

「家は傾斜して殆ど転覆せんとするばかりなるを突《つっ》かい棒もて、これを支え、軒は古く朽て屋根一面に蘚苔《こけ》を生し、庇檐《ひさし》は腐れて疎《まば》らに抜けたるところより出入する人々の襟《えり》に土塊《つちくれ》の落ちんか殆《あや》ぶむほどの家」。この残飯屋に松原は弟子入りする。ここで彼は、残飯を市ヶ谷の陸軍士官学校から仕入れて貧民たちに売りさばきながら、貧民たちの話を聞き、次第に頼られるようになる。

「我れ先きにと笊《ざる》、岡持を差し出し、二銭下さい、三銭おくれ、これに一貫目、茲《ここ》へも五百目と肩越に面桶《めんつう》を出し腋《わき》下より銭を投ぐる様は何に譬えん、大根河岸、魚河岸の朝市に似て、その混雑なお一層奇態の光景を呈せり。そのお菜《かず》の如き、煮シメ、沢庵等は皆手攫《てづか》みにて売り」。

松原の描写は、極めて具体的だ。たとえば、「虎の皮」という商品の名は「巨大なる釜にて炊く飯は是非とも多少焦《こげ》塩梅に焚かざれば上出来とならざるより、釜の底に祀《まつ》られし飯が一面に附着して宛然虎豹《さながらこひょう》の皮か何ぞのごとく斑《まだら》に焦《こげ》たるが故に」付けられた。士官学校からの仕入れが少ないときは「飢饉」、大量に仕入れたときは「豊作」と呼ばれたという。貧民窟で残飯屋が栄えた理由は、近くに繁華街や士官学校があることのほかに、その経済性にある。調理済みの残飯を食べることで燃料代を浮かすことができるからである。

ところで、松原の貧民への視線は、啓蒙家の視線ではなく、学ぶ人間の視線である。「世に何々倶楽部、何々政党倶楽部、または何某集会所、何某会合所たる場所にその社会の人々の名誉談、失敗話《しくじりばなし》は勿論、そのほか奇話珍説一切の秘密即ち新聞雑報的瑣事《さじ》が漏洩《ろうせつ》して来ッて」いるが、「予が居る所の残飯屋はあたかも彼の人たちの社交倶楽部とも言うべきものにして下男の境界にありし予は即ちここの書記役なり」。痛烈な政治批判である。政治家の公共圏は、貧民たちを排したうえで成り立っているのである。学者への批判も厳しい。現実への眼を曇らせる学問に比べ、貧民たちの生きる知恵のなんとたくましく、なんとすがすがしいことか。松原は最大の敬意を払って、最暗黒の世界を「貧大学」と呼ぶのである。

そして、こうした目線の射程は、帝国日本の版図拡大と軌を一にして広がる。一八九五年、松原は日清戦争の従軍記者として朝鮮半島へわたり、『征塵餘録』を執筆する。「亜弗利加《アフリカ》内地の探検にして其昔時《そのせきじ》冒険者スタンレーがザンジーバルを土人を雇ふて隊を組み、ウンヨルカムの山頂に登つて遙かにヴヰクトリアナイアンザ地方の大平原を想望したるの意気を見るべかりし、山を下る二三丁にして、一部落あり人家一五六戸、狭隘蕪悪なる道を挟んで左右に散点す、人糞途に満ち、犬あつて是を食ひ豕《ぶた》ありて其臭気を嗅ぐ、不潔陋穢《ろうわい》殆ど歩むべからず路傍に一軒の酒幕《しゅまく》あり即ち飲食店にして檐下《のきした》に牛の髑髏《どくろ》を吊すあり、血液点々として滴り、無数の蒼蠅是《これ》に麕集《きんしゅう》す」。

ここで注意すべきなのは、「最暗黒」のイメージが地球規模であることだ。イギリスの探険家H・M・スタンレーの『最暗黒のアフリカ』（一八九〇）はもちろん、それに刺激を受けて執筆されたW・ブースの『最暗黒のイングランド』（一八九〇）からの影響もあるかもしれないことは、すでに前田愛によって指摘されている。そしてさらに「最暗黒」へのまなざしは、帝国の膨張の波に乗って、朝鮮半島の貧民の食生活に及ぶのである。松原岩五郎の異境への「探検」は、食を通して浮かび上がる貧富の構造を、世界規模で映し出す。これが、いまなお松原の描写が凄みを失わない客観的理由であろう。

（……………『人文』第五七号、二〇〇九年四月―二〇一〇年三月）

文明化の曙光と黄昏を見つめて

第一回河合隼雄学芸賞受賞のことば

わたしが思春期を過ごした田舎の薄暗い台所は、不気味な場所であった。鋭い光を放つ出刃包丁や肥料にするために魚のハラワタで満たされたバケツは、その要因の一部でしかない。皿のうえに散在するネズミの糞、ナメクジ、ゴキブリ、蚊に蛾に蚯蚓《ミミズ》が、つぎつぎと湧いてきては家族集団と共生する、そんな「エコ」な空間でもあったからだ。なかでも不気味なのが蝿の大群である。死骸がびっしりとついた黄色い蝿取り紙が天井からぶらさがっていたが、焼け石に水。蝿たちは、ホカホカのごはんやおかずのうえで容赦なく手をすり足をする。台所の正面が牛小屋で、蝿との共生には抜群の環境だったのである。

さらに、古い冷蔵庫や真っ黒なガステーブルなど、汚れがこびりついたモノから複合的な臭いが漂ってくる。夏はそれが増幅される。冬もきつい。母は五時に起きると、カーディガンをはおり、パジャマのままコンクリートの床に転がるサンダルをはいて、灯油ストーブに火を点ける。体はもちろん作られる弁当もすぐに冷たくなる、冷蔵庫よりも寒い場所であった。

そんな台所が「システムキッチン」になったのは、わたしが大学に入学してからである。この劇的な変貌は、千滴の涙に値するものであった。なにしろ、明るくて、清潔で、暖かいのだから。厩舎から牛がいなくなったおかげで蠅の数も減り、台所に君臨していた蠅取り紙も白色蛍光灯にその玉座を譲った。わたしは田舎に照らされた文明の曙光を、心から祝福したのである。

しかし、拙著『ナチスのキッチン』の執筆にわたしを駆り立てたのは、このような喜びではほとんどない。むしろ、文明化の背後にある黄昏の寂しさであった。家族や近所の人たちが長靴に泥をつけたまま台所にあがり、そこで煮染めを食べながらお茶をすすったり、祖父が大きなまな板のうえで鯉を捌いたりした光景もまた、蠅とともに去っていった。

曙光と黄昏を両方眺めながら執筆した拙著に、「物語性」を審査基準とする賞を与えられると聞いたとき、わたしは驚いた。本来なら併存しない事象を、つまり、台所仕事に従事する人の解放的側面と管理的側面、さらには、レシピ、生ゴミ、ヒトラー、電気、サラダといった一見親和性のないモノをモンタージュすることで、物語になることからひたすら逃げつづけたからである。そこにあえて「物語」を見出していただいた審査員の各氏、そして河合隼雄財団の関係諸氏に御礼申し上げたい。

もちろん、喜んでばかりもいられない。この本が刊行されて一年以上が経ったいまも、食の崩壊は止まることなく、日本列島を含む地球上の諸大陸・諸島のうえで餓死におびえる人びとは減ることがない。本当は何も変わっていない、という台所の現実と向き合う重い課題を、この栄えある第一回目の賞とともに、厳粛に受け止めたいと思う。

（……『考える人』二〇一三年夏号）

システムキッチン

台所には、いい思い出がない。

中高生のころ住んでいた古屋の台所の床はコンクリート、流しは剥げかかったタイルだった。下履きでしか入れないこの空間は「システムキッチン」という自虐的な名前で呼ばれていた。というのも、洗い手の手から茶碗が流しに滑り落ちると、たとえ数センチ上空からであっても、粉々に割れ、悲鳴が響き、流血の惨事になるという不動のシステムを兼ね備えていたからである。たまに片づけを命令されるわたしも例外ではない。ところどころコンクリートがむき出しの流しの表面に茶碗や皿の底が接するたびに、不吉な音が響く。洗剤でヌルヌル滑る手を不器用に動かすのだが、集中力が切れた瞬間、このシステムは寸分の狂いもなく始動する。

早朝の台所もエキサイティングだ。ナメクジたちがナスカの地上絵のような模様を床に残していて、その終着点で力尽きつつある彼や彼女たちに塩を振りかける、というのがわたしの暗い楽しみだったが、たまにネズミの糞も発見する。途端に家族構成員に非常事態宣言が発せられ臨戦態勢に突入、台所中を走りまわり、「戸棚に入った形跡あり！」「皿のうえにブツを発見！」という報告が終わると、やっと朝食の仕度に取りかかる。

ネズミやナメクジ、ハエ取り紙にくっついた無数のハエの哀れな姿を眺めつつ、ご飯をモリモリ食べて育ったわたしも、ついに古屋を去る日がきた。京の都に引っ越しである。下宿を探したのは京都大学の吉田生協。「狭く感じたらドラえもんみたいに押入で寝たらいいよ」「共同炊事だとみんなでご飯を分け合うことができて楽しいよ」と煽る、臨時不動産相談員らしき女子学生のアドバイスを信じ、北白川の閑静な住宅街にひときわ目立つ木造のボロ下宿を仮の棲家と定めた。月に一万二〇〇〇円（一九九五年四月一日現在）という家賃も魅力的。ネズミやナメクジとの共同生活から脱出したわたしには、四畳半の部屋も、汚さ満開の共同トイレも、汚れたステンレス製の共同台所も、ノイシュヴァンシュタイン城だった。

もちろん、幻から醒めるのも早かった。下見のときに頑丈にみえた押入れは、一二九・三キロのドラえもんはおろかのび太くんでさえ乗ったとたんに崩壊するような薄い板によって仕切られているにすぎない。定員十名ほどのこの下宿の台所には、火の調節に天才的テクニックを要する年代モノのガスコンロが一台しかなく、そもそも特定単数の住人が占拠していて使えない。部屋の隙間から様子をうかがっているうちに、その住人がジュウジュウやっている肉の香りが漂ってきて腹が減る。結局、朝は、自室のホットプレートで目玉焼きを焼き、どんぶり一杯のご飯に載せて、そのうえにキムチと納豆をかけるというソヴァージュな一品を食べ、昼や夜は、ライスL&ささみチーズフライというスタイルに落ち着く。しかも、その台所は洗面所も兼ね備えていて、たまに占拠して鍋をグツグツやっていると、自分の手が特定単数の住人の歯ブラシにあたり、それが今夜のおかずになってやろうとわざわざ転がってきたり、干しておいた白いまな板を取り出すと歯磨き粉の塊が虫の擬態のようにこびりついていたりする。ゴッキーが出現するのはいうまでもない。

それでも、というべきか、だからこそ、というべきか、台所という空間に無限の愛着を、わたしはほとんど形而上学的に感じてきた。なんて言ったら、キムチチャーハンを自己最高のレパートリーと誇って満足している男が何を血迷ったか、と、鼻で笑われるのは必至だ。けれども、台所という生命維持システムに漂う、秘められた、生の原初的ごっちゃまぜ感に、胸をムカムカさせながらも、長年親しみを覚えてきたことも否定できない。

一年間の在外研究を、台所の維持に労力も財産も惜しみなく投じる国、ドイツで過ごしたのは、それゆえ不幸だった。キールやシュヴァルツバルトの野外博物館の民家の台所の写真を撮ったり、ハノーヴァーの歴史博物館にある十九世紀末の労働者住宅の狭い台所の復元に見入ったり、デパートの広大な台所用品売り場で一日ウロウロしたり、友人の家に招かれて台所用具の説明をしてもらったり、料理番組をはしごしたりしているうちに、山のような専門書を読まないまま帰国してしまったからだ。

いずれにしても、多くのドイツ人は、ある種の台所思想というものを持っている。ナチ時代、それは極限に達する。「武器としての調理用スプーン」というスローガンを掲げ、「台所は主婦の目が全体に届くように整理しよう」「ジャガイモは柱から吊して保存しよう」「ソーセージの断面に脂を塗って乾燥を防ごう」など、いまでいえばカリスマ主婦的ワザを「親方主婦制度」という言語矛盾的な制度を用いて伝え、主婦の動員に成功したのである。だが、この史実でさえ、わが青春時代を灰色に染めた台所への憎しみを駆り立てはしない。台所とは根源である、という基本的な原理は変わらないからである。

台所をみれば、その家庭の雰囲気がわかるといい、自分の仕事場を他人にみられるのを「まるで台所をみられるようだ」という。「大坂は天下の台所」と誇り、財政が危機状態にあると「台所が苦しい」と嘆く。ドイツ語で「かまど」にあたるHerdは、派生して物事の根源をも意味する。水、火、刃を駆使し、いのちを支えるこの場には、しかし一方で、社会のマッチョさ、飽食社会に住む人間の奢りと空しさ、分解不可能な化学物質に汚染される川、生産者と消費者の乖離など、世界の矛盾が凝縮されて出現する。台所はメディアである。「先進国」の非人道的兵器に傷つけられた人びとの写真を痛ましすぎるといって掲載しない新聞よりも無媒介的に、システマティックに人の死を娯楽に変換するワイドショーよりも誠実に世界を伝えてくれるし、意識の持ちようによっては、台所からちょっとずつ世界を変えることだってできる。

しかも、大切にされない台所は黙っていない。ゴミが溜まり、汚い食器がシンクに重ねられ、冷蔵庫が多種多様な生物ミイラの宝物庫となると、排水溝からは有象無象の虫が湧き、ミイラからカビが繁殖し、酸っぱい悪臭が立ちこめ、やがてそれが下宿全体を覆う。無数の新旧男子学生が証言してくれるだろう。

これは、しかし、下宿だけの話ではない。食べものの価格変動がギャンブルの対象となり、「バイオ燃料」という偽名の食べものが人間でなくクルマ様のために生産されているいまなら、台所は、みずからを侮蔑する人間や国家を、茶碗のように粉々にしたってておかしくはない。

（……………………………………『京都大学新聞』二〇〇八年六月十六日）

おっちゃんのキッチン

「燃料補給のような食事」という絵がある。三十一歳で夭折した画家、石田徹也の作品だ。『図書新聞』からインタビューを受けた折、編集長の須藤巧さんは、拙著『ナチスのキッチン』を読んでこの絵を思い浮かべたからと、石田徹也の画集を見せてくれた。

オレンジ色のエプロンを着た同じ顔で無表情の三人の店員が、黒いスーツに身を包んでカウンター席に座っている三人のサラリーマンの口に、ガソリンスタンドの給油ノズルをつっこんでいる。氷のように冷たい絵だ。この絵が切り取った現代の食の特徴はふたつ。「食べるひと」の機械化と、「食べるもの」の液状化である。家政学や栄養学が消化によいものを求めるあまり、料理から歯ごたえを奪っていった事実は、拙著でも紹介した。チェーン店の牛丼屋やハンバーガー屋は、見方によっては、こうした「機械化」と「液状化」という恐怖体験の娯楽施設でもある。

拙著で描こうとしたことは、食事の、まさに「給油化」の過程だったのかもしれない。台所が小さな「工場」となり、食の技法が化学反応過程になる、そんな歴史である。執筆中に悲観的になりすぎると、しばしばある風景を思い浮かべては自分を慰めた。それは京都にある、赤い暖簾の小さな中華料理屋である。

カウンター席だけのこの店の建物は、幾分老朽化しているが、隅々まで綺麗に掃除されていて、不潔な印象はない。関西弁のAMラジオと暖色の照明が空気を和ませている。厨房は、向かって左から、具材のトレイが置かれている台、揚げもの油のタンク、ガスコンロ二台の上に中華鍋二つ、スープの寸胴、餃子焼き器が並んでいる。カウンター側にはシンクとレジと大きな炊飯器。料理はおっちゃんが作り、餃子はおばちゃんが焼く。ここのおっちゃんは痩せているが、厨房のなかですさまじい躍動感を見せてくれる。おばちゃんからオーダーを聞くと「ニンマイニンマイ」(実はまだこの意味を知らない)と言いながら、ガスコンロのうえに中華鍋を置き、火力をアップさせ、オタマで油をグルグルとのばす。そこに、大きめの具材をパラパラ入れ、豪快な炎をあげつつ、鍋を振って仕上げていく。下駄を履いた足にタメが生まれることで、腕がムチのようにしなり、艶やかな具材は中華鍋のうえで踊り狂う。「〇〇があがってくる」と料理の完成を報告したあと、それが盛り付け皿にキラキラと流れ込む。まるで舞踊だ。

この店を教えてくれたのは、体育会ソフトテニス部の先輩である。平皿に山盛りのごはんを盛ってくれるこの中華料理屋は、われわれソフトテニス部のみならず、多くの運動部の御用達であった。そして、ここは、人生の学校でもあった。

まず、先輩たちから、注文の仕方を学んだ。「ホンテーダイギョーザ」である。この言葉をスラリと言えるようになれば、この店の常連として認められたも同然だろう。「ホンテー」とは「本日の定食」、「ダイ」は「ごはん大盛り」、「ギョーザ」は六個入りの餃子をそれぞれ意味する。声が小さいと聞き返されるから要注意だ。

そして、先輩たちから、ボケとツッコミの作法を学んだ。この店では、隙間なく氷入りのコップが並べられたトレイが、シンクの隣に積まれている。練習で喉がカラカラのわたしたちは、この水を水牛のように飲む。そんな姿をみて、おっちゃんは「六甲からひいているから、うまいやろ」と笑う。客の真価が試されるのはこの瞬間である。「えらい遠いところからひいてんなあ」と先輩がつっこむ。定番のギャグらしい。カウンターには微笑が広がる。また、お勘定のときに一万円札を出すと、「お釣りはいりまへん」とおっちゃんは言う。先輩は「なにゆーてんねん」と言って、おばちゃんからお釣りをもらうのである。このやりとりを、わたしはひそかに憧れた。

この中華料理屋が給油的料理店と異なるのは、カウンターに座る人びとの顔の筋肉がいつもゆるんでいることである。ヤンキーカップル、老夫婦、国文学者、タクシーの運転手、乳児に幼児に小学生に高校生。ぷりっぷりの野菜と肉の料理、厨房とのやりとり、そして、AMラジオから流れる歌謡曲と阪神戦の実況中継に囲まれて、誰もが顔面筋肉にしばしの休息を与えている。野菜の産地など知らない。カロリーも塩分も気にしない。おいしくて楽しいからいいのだ。

この中華料理屋には、大学一年生から現在まで十七年間通ってきた。試合の勝ち負けも、母の死も、結婚も、就職も、子どもが生まれたことも逐一報告してきた。一人で来ると「もう奥さんに逃げられたか」とからかわれ、発表の準備のために本をカバンから取り出すと、「ここまで来て本を読まなくてもええやろ」と叱られた。

東京へ引っ越す直前にここで中華丼と餃子を食べた。おっちゃんとおばちゃんは、わたしを笑顔で送り出してくれた。引越後、異動の挨拶のはがきを送った。この店の住所の横に「おっちゃんとおばちゃんへ」と書いた。しばらくしてから、東京の新居に宅配便が届く。生の餃子が二箱。このときはじめてわたしは「おっちゃん」の本名を知ったのだった。わたしの胃袋は、大量のペプシンと少しの涙を分泌しながら、この餃子をたまらなく欲しがった。

おっちゃんが食道を手術したこともあった。かなり焦ったが、しばらくの休業のあと、開店時間を昼だけにして再開した。おっちゃんもおばちゃんも、人には言えない苦労をたっぷり重ねて、「ホンテー」と「ギョーザ」の味を守り続けてきた。そんなふたりをわたしは尊敬してやまない。

競争に邁進する大規模給油的料理店は、全国の、いや地球上の「おっちゃん」や「おばちゃん」たちの作りあげた小さな食の空間を破壊しこそすれ、再現はできない。人件費削減に余念がないチェーンの居酒屋に訪れて、スタッフに「これはどんな味ですか」と聞くと「おいしい味です」、「この魚は何ですか」と聞くと「白身魚です」という答えが返ってくるので、哀しくなってくる。

わたしがこの中華料理屋に通いつづけた理由は何だろう。

歴史学的に分析すれば、現代社会の歯車が軋み、人びとが悲鳴をあげては生気を失う時代のなかで、人間が機械でないこと、そして、食べものがガソリンでないことを確認するためだったのだろう。個人的にいえば、ただ、そこにうまいものがあるから、としかいいようがない。

デスクワークが増えてからのわたしの注文は、「ホンテークダサイ」と、いささか迫力に欠ける。胃袋を鍛えて、今度こそは、「ホンテーダイギョーザ」に挑戦したい。

（……………………『新潮』二〇一二年十月

熊本旅行記　「食に関するビブリオトーク」に参加して

二〇一二年の夏、一枚の往復はがきが大学のポストに届いた。はがきの送り手は、熊本市に住む大岡さんという方で、末尾に「五十三才、男性」と書いてある。雑誌『科学史研究』に掲載された拙著『稲の大東亜共栄圏』の瀬戸口明久さんの書評を読んでわたしの仕事に関心を抱き、『ナチス・ドイツの有機農業』『カブラの冬』『ナチスのキッチン』などをつづけて読んだという。「これらの書物をもとに、地元で新たなとりくみをしようと色々な方々と話し合いをしているさい中です」、だからぜひ今度京都の研究室を訪れたい、と達筆でしたためられていた。こんなにたくさんの拙著を、という驚き以上に「新たなとりくみ」という言葉に呪縛されたわたしは、すぐに返事を書いた。

うだるような八月のある日、大岡さんは熊本から京都にやってきた。アロハシャツを着た大岡さんは、額ににじむ汗をぬぐいながら、自分の食に対するこだわりについて熱弁をふるったうえで、熊本の図書館で講演会をしてほしいという。地域の図書館を活発化させたい、それに一市民として提案したい、こんな情熱が部屋全体の空気を振動させる。さらに、塾で国語を教えていたこと、いまはいったんお休みしていること、京都までは「青春十八切符」で来られたこと、病気になってから食べものにこだわるようになったことなど、さまざまなことを一気呵成に話された。熱意まではエアコンでもコントロールできないことを、このとき実感したのだった。

大岡さんは「青春十八切符」で熊本に帰ったあと、熊本市立図書館の司書さんに相談した。司書の鈴木さんからすぐに電話があった。鈴木さんは、せっかくなのでたくさんしゃべってもらいましょう、と企画と飲み会を増量し、つぎのようなプログラムを作ったのである。わたしは果たして生きて熊本を脱出できるのだろうか、と思うほど濃密なスケジュールができあがった。

第一回

日時　十一月二十三日（土）十八時〜二十時三十分

場所　くまもと森都心プラザ
テーマ　「台所から世界が変わる——食べることの歴史学」

第二回
日時　十一月二十四日（日）十一時〜十三時
場所　慶誠高等学校　調理室
テーマ　ドイツの雑炊料理（アイントップ）を食べてみる

第三回
日時　十一月二十四日（日）十三時三十分〜十五時三十分
場所　熊本市立大学図書館　集会室
テーマ　食に関するビブリオ・トーク

ビブリオ・トークの前に時間があったので、わたしはまず水俣に向かった。院生のころから水稲の品種改良と窒素肥料工業の関係についてずっと調べていたので、いつか訪れたいと思っていたからだ。十四年の歳月と四百八十五億円のお金をかけて整備されたという水俣湾に驚きながら、水俣市立水俣病資料館を訪れた。日本窒素肥料株式会社による水俣湾の汚染は一九二〇年代半ば頃から始まっていたことを知ったり、「水俣病事件と福島原発事故には似通ったところがある」と題されたパネルをみたりした。後者のパネルには、とりわけ差別問題において共通性がみられるという主張が述べられていた。政治家や学者が臆面もなく賞揚する東京オリンピック（という名前の問題隠蔽イベント）と、同じ彼らが好んで用いる原発事故の「収束」という言葉とは裏腹に、問題は「拡散」していく一方である、という当たり前の事実を、このパネルは淡々と語っていた。慰霊碑に黙祷を捧げてから、横目で釣り人たちを眺めつつ、タクシーに駆け込んだ。

そのあと、新幹線で熊本市内に戻り、くまもと森都心プラザで大岡さんと鈴木さんと合流した。「ニコニコして大岡さんと一緒に待っています」と事前に電話をいただいた通りの姿で、二人は、図書館の入り口で待っていた。鈴木さんは、とにかく面白いことがやりたくてたまりません、という好奇心を全身にみなぎらせた、およそ公立図書館の司書さんとは思えないファンキーな女性だった。そのあと、熊本の高校で世界史を教えている牛嶋さんと合流、世界史を教える現場の問題について、いろいろ意見交換をした。

まず、第一回目の講演では、『ナチスのキッチン』をベースに話をした。多くの参加者に来ていただき、かなり専門的な話も熱心に聞いていただいた。後半、専門的な話がつづき、会場に少し疲労のムードが漂ってきたので、映画の『キッチン・ストーリー』（二〇〇二）で、ノルウェーの老人の台所の端でテニスコートの審判台のような椅子に座って「いっさい話をしてはいけない」というルールのもとで観察する男が、我慢しきれなくなってルールを破るという話をしたら、突然参加していた主婦の笑いがとまらなくなって、空気が和んだのには本当に助かった。

峰さんという福岡の小学校の先生も来られた。実は、彼とは手紙のやりとりをしたことがある。峰さんは、以前、『ナチスのキッチン』の読者カードにこんなことを書き込んでいたのである。

連想したことと。①チャップリン「モダンタイムズ」②学校給食のシステム化③正統的周辺参加論④「シャドーワーク」⑤マルクスの疎外論⑥隠れたカリキュラム⑦サブリミナル効果⑧安倍内閣

短い言葉だが、どれも冷静な現状認識から発せられた鋭い歴史批評であったので、お礼の返事と講演の案内を送ったら忙しいところはるばる福岡から駆けつけてくださったのである。長崎の被爆二世の峰さんから、今回の講演を平和運動につなげていきたい、

という《*》エールをいただき、勇気づけられた。

また、わたしが十九世紀末にあった東京の貧民窟の残飯屋の話をしたことに対して、「菊池恵風園」の皮膚科元医長の菊池さんから、熊本の本妙寺界隈にあったハンセン病患者の集落がやはり軍隊払い下げの残飯を食べて暮らしていたことを教えていただいた。すでにいくつかの文献からそのことを知ってはいたが、菊池さんのお話や渡していただいた論文から、これまでの文献にはない、非常にリアルな集落の状況をイメージすることができたのである。

その夜は、大岡さん、鈴木さん、峰さん、牛嶋さん、くまもと森都心プラザ図書館の館長と熊本市立図書館の副館長、それから定期的に研究会を開きながら歴史教育の質を高めているという驚くほど熱心な熊本の高校の先生たちなどと一緒にお酒を飲んだ。ここだけの話にしていただきたいのだが、わたしははりきって芋焼酎を注文してしまい、みなさんから笑われたのだった。ここでは米焼酎を飲むんですよ、というみなさんの笑顔に、食の専門家気取りで延々と講演をしたはずのわたしは、ただ日頃の知的および味覚鍛錬の怠慢に恥じ入るばかりであった。そのあと、鈴木さんは、知性漂うマスターのいるバーに大岡さんとわたしを招待し、そこで、熊本のワインと特製のハヤシライスを堪能した。フルーツと野菜の香りがあとを引く濃厚な味わいであった。

翌日、第二回目は画期的な企画である。なぜなら、拙著『ナチスのキッチン』で訳出した第一次世界大戦期のアイントップのレシピを、慶誠高校の料理研究同好会の高校生たちが実際に作ってくれる、というのだから。一九一五年に、ヘートヴィック・ハイルという女性運動家が執筆した調理本『低脂肪の料理』に掲載されたレシピで、限られた食材でも旨味を引き出すことが目指されていた。出版元は、帝国購買有限会社といって、国家の戦時食糧統制を司る内部省直属の組織で、消費のコントロールが主な任務である。

慶誠高校の食物科は、国家試験免除で調理師免許が取得できる。すでにホテルに就職が決まっている生徒もいた。食物科の先生であり料理研究同好会の顧問である原美幸さんとは、事前に何度もメールをやり取りしていた。不完全なレシピからアイントップを再現するために、日夜生徒たちと研究を積んだという。その料理魂に感服せざるをえなかった。

高校でお会いした原さんは教育者としてのエネルギーに満ちあふれていて、圧倒された。原さんは、見た目の印象とは異なり「スパルタ教育」を実践していて、生徒たちに「原先生厳しい?」と聞いた瞬間の生徒たちの顔から、それを読み取ることができるほどだった。慶誠高校の調理科とパティシエ科の料理の実力はハイレベルで、さまざまな賞を獲得しているという。

この試食イベントは調理室で行なわれた。わたしが、ハイルのレシピの背景として、第一次世界大戦期ドイツの飢餓について話したあと、アイントップを食べるという企画である。これも鈴木さんの演出だ。調理室の端に設置されている階段状の講義机には、昨日来ていただいた高校の先生や菊池さん、さらには熊本で無農薬・無化学肥料栽培に挑戦している森下農園の森下さんも座っていて、慶誠高校の調理室はさながら熱気に包まれた。

原さんと生徒が別室で作ったアイントップと、同じ材料で作った固形ブイヨンベースのポトフを両方出して、それを食べくらべするコーナーになると会場の熱気は最高潮に達する。実物を前にわたしの話などあっという間に霞んでしまった。ジャガイモをすりおろしてつけられたとろみのなかに、野菜の自然な旨味が凝縮していて、それをハーブがキッチリしめていて、深い味わいである。もちろん、現代風のポトフもゴロゴロの野菜が入っていてとても美味しいのだが、大戦期のアイントップのほうがドロドロなのに、野菜の味が濃いのである。ブイヨンベースのポトフの味ははっきりとしていたが、アイントップの味はまろやかであり、複雑であった。

聴講者のみなさんに聞いたところ、一人を除いてほぼすべてがアイントップに軍配をあげた。試作を重ねた原さんと二人の生徒に解説をしてもらいながら、わたしたちは、アイントップを味わった。歴史研究は、史料を視覚だけでとらえてはならない。五感をフルに働かせなくてはならない、などと講義で言っておきながら、わたし自身、歴史を味覚で考証したのは初めてであった。視覚、聴覚、触覚で歴史を考証することは博物館にいけば比較的体験しやすいが、味はさすがに再現が難しい。その実践を見事にやりとげた慶誠高校のみなさんには感服せざるをえなかった。

昼食には、高校名物の中華おこわがふるまわれ、参加者全員が舌鼓をうった。去り際に原さんから、今度は生徒にも話をしてください、と依頼を受けた。たしかに、トークと調理が別々で生徒とじっくり話す時間が少なかった。講義と調理を一緒にすることで何かがうまれるかもしれない。次回もぜひやりましょう、と約束して別れた。

つぎは最後のイベント、ビブリオ・トークである。熊本市立図書館の名物企画である。今回のお題は「食」。テーブルで四角を作り、参加者が座る。各自、自分の好きな本や漫画を紹介して、それについて議論をする、という流れである。今回は、わたしがまず、ラジ・パテルの『肥満と貧困』、ポール・ロバーツの『食の終焉』を紹介し、そのあと、みなさんがそれぞれお気に入りの本を紹介する。大岡さんが紹介した『マイスターのウィーン菓子』という大豆粉を使用した菓子レシピも掲載されている本をはじめ、出てきた本のすべてをわたしは読んでいなかったので、疲れを感じている暇もなかった。

参加者のみなさんが自分の好きな本を語るとき、少し恥ずかしそうに話す方が少なくなかったことも印象的であった。こうした知的恥じらいをかなり昔に捨ててしまった人間として、これまた大いに反省させられたのだった。

終了後、貴重な郷土関連文献が眠る図書館の書庫を案内した鈴木さんは、空港まで大岡さんと一緒に車で送ってくれた。焦がしニンニクが独特のアクセントを醸し出す熊本ラーメンを堪能して、次回のビブリオ・トークの約束をし、別れの挨拶をした。充実感と寂寞感に満たされながら、実は、大岡さん、鈴木さん、菊池さん、原さん、峰さん、牛嶋さんたちの作り上げている豊かな世界のほんの一端しか、わたしは触れることができなかったのではないか、という空恐ろしい感覚に包まれた。歴史研究者として好奇心以外何のとりえもないわたしは、香ばしい熊本ラーメンと同様、しばらくこの感覚にやみつきになりそうである。

書き下ろし

牛乳神話の形成　一九六〇年代の食文化

牛乳と日本人

吉田豊『牛乳と日本人』（新宿書房、二〇〇〇）によれば、「日本人」が牛乳について知るようになったのは、五六二年、朝鮮半島に遠征した大伴狭手彦《おおとものさでひこ》が百済国《くだら》から智聡《ちそう》という人物を連れてきたからだという。

智聡は仏像と経典および医薬書百六十四巻とともに、『神農本草経集注』をはじめとする牛乳の薬効や乳牛飼育法が書かれた書物を持ってきた。その後、智聡の子善那《ぜんな》が、孝明天皇に牛乳（を煮詰め固形化させたもの＝蘇《そ》）を献上する。「これが、わが国の牛乳史における牛乳飲用のはじめとされている」と吉田は記している。孝明天皇は、「牛乳は人の身体を良くする薬」だと喜び、善那に和薬使主《やまとくすりのおみ》の姓を与えた。この善那は、飛鳥で乳牛飼育を指導し、以後天皇や貴族のあいだで蘇を食する慣習が広がったという。

吉田は、徳川吉宗がオランダ商館のヘンドリック・ケイズルを招き、オランダ（もしくはオランダ領のジャワ）から乳牛を輸入し、安房嶺岡《あわみねおか》（現千葉県南房総市）で飼育させたこと、シーボルトたちが長崎の出島で乳牛を飼っていたこと、さらには、明治天皇が嶺岡から皇居に牛を数頭移し、そこで絞った牛乳を一八七二年十一月から日に二度ずつ飲むようになったことなど、さまざまな興味深いエピソードを交えつつ日本牛乳史を叙述している。おおまかにまとめれば、牛乳の普及対象が、天皇・貴族や武士などの特権階級（江戸時代まで）、都市の中流・上流階級（明治維新以後）、一般の民衆（一九五〇～六〇年代）へと膨らんでいくのにつれて、薬用としての牛乳が、生乳・バター・チーズなど欧米の食文化を代表するものとして変貌を遂げていく歴史が描かれているといってよいだろう。「孝徳天皇から明治天皇へ」という天皇中心的な吉田の「牛乳史観」は、日本における牛乳の歴史の本格的な叙述『大日本牛乳史』（十河一三著、牛乳新聞社、一九三四）からいまに至るまで踏襲されている。

だが、こうしたみやびなエピソードのなかで、第二次世界大戦後の牛乳の急速な普及について書かれたわずか六ページの「学校給食」という小節は、いささか暗調である。

敗戦直後の食糧不足のなかで、日本に駐留していたGHQ（連合軍総司令部）は、ララ委員会（アメリカやカナダのキリスト教会の慈善団体）やユニセフ（国際連合児童基金）を通じて、学校給食に脱脂粉乳を導入する（一九三〇年代から四〇年代のアメリカは、すでに乳価安定政策の一環として過剰に生産された牛乳を脱脂粉乳に加工し、学校給食などに用いていた）。この脱脂粉乳が学校に通う子どもたちに悲劇をもたらす。

ただし最初のころはミルクといっても、動物の飼料にも使われていた脱脂粉乳であったため、はじめて飲む子どもたちにとっては臭いがきつかったり、口にザラつく感じがあって、これを飲んだ経験のあるいまの大人たちには「牛乳はまずい」という第一印象を与えてしまった。／それだけではない。給食のはじめのころは飲んだ学童がひんぱんに腹痛や下痢になったため、父母から苦情があいつぎ、先生たちがずいぶん困ったというエピソードさえあった。（吉田、前掲書）

吉田も触れているとおり、アジアやアフリカでは、乳糖を分解する酵素が少ない人が多い。だが、それもミルクを飲み続けるうちに消化酵素が増えることで解決し、いままでは「本物の牛乳」、つまり日本産の牛乳が学校給食に登場することで、学童の栄養状況は「革命的に」改善された、と吉田はとりあえずまとめる。

この学校給食のおかげで国民のあいだに牛乳となじみができたことは、その後のわが国の牛乳消費量が画期的に増加したことでもわかる。お米はだんだん減ってきたのに対して、肉類と牛乳・乳製品をはじめ、おかずになるものはどんどん増えてきた。なかでも牛乳・乳製品は昭和二五年にくらべて現在（平成八年）は二〇倍近くにもなっている。〔……〕／これが体位向上につながったことは、最近の若い人や子どもたちの身長や体重の伸びからみてもわかるだろう。（同上）

こうした日本における牛乳のサクセス・ストーリーのクライマックスは、学校給食の時代の暗さをやや性急に吹き飛ばすかたちになっている。『牛乳と日本人』がこれほどまで底抜けに明るい叙述で終わる理由は、著書の履歴を読めばすぐに分かるだろう。この著者は、一九五二年、東京大学農学部を卒業後、雪印乳業株式会社に入社、工場・宣伝部意匠課を経て広報室に勤務し、パブリシティー、映像、出版物を担当しており、ここに収められた文章の原型は、雪印乳業の広報誌『SNOW』に連載されていたものだからだ。旧版の『牛乳と日本人』は著者の定年退職の年、新版はそれから十二年後に刊行されたものだが、日本牛乳史という大きなサクセス・ストーリーがそのまま雪印乳業をはじめとする乳業資本の小さなサクセス・ストーリー（＝民衆へのマーケットの拡大過程）へと接続している事実は否めない。雪印の広告戦略の質の高さにはすでに定評があったが、そのプロットが『牛乳と日本人』に描かれているのだ。これは、乳食文化（＝家畜の乳を生のまま か加工して摂取する文化）圏ではない日本の風土に乳食文化が根づいていくという物語である。戦後の雪印に関する叙述がほとんどないことが、かえってこの書に普遍性（のようなもの）を与え、一般読者に牛乳を親しみやすくする効果をもたらしている。

以上のように、『牛乳と日本人』を雪印乳業の宣伝に過ぎないとして見過ごすことはたやすい。しかし、本稿であえてこの書を取り上げた理由は、このサクセス・ストーリーを裏で支えるもうひとつの物語、つまり、おそらく著者にさえ充分に意識化されていない「日本人」あるいは「わが国」という物語が、『牛乳と日本人』に織り込まれているからだ。

もう一度、「学校給食」の節に戻ろう。吉田は、それまで二百ページ近く述べてきた牛乳史があたかも「前史」であるかのように、一行目で唐突につぎのように問う。「日本人が牛乳を飲んだのはいつ？」（傍点は引用者）。そして、牛乳を飲んだのは「学校給食」

からである、と答える。ここでの「日本人」とは誰か？　それは貴族や皇族ではない「日本人」という意味での「日本人」（＝読者を含めた一般の民衆）である。つまり、これまで綴られてきた孝徳天皇から明治天皇に至る牛乳受容の歴史は、「学校給食」からはじまる「日本人」の歴史とは違うレヴェルなのである（前者には尊敬語と謙譲語がちりばめられている）。

慎重に読めば、ここで本の構成が破綻していることは否めないだろう。「日本人」が分裂しているからだ。しかし、本のタイトルが『牛乳と日本人』であり、孝徳天皇と善那のくだりから日本人論もしくは日本文化論として読んでいるはずの読者の多くは、おそらくここで孝徳天皇の時代から不動のものとしてあった「日本人」の一員に（それを肯定するか否定するかは別として）、戦後を生きるわれわれもついに加わった、という文脈で読むこと以外あり得ない。読者は、孝徳天皇から第二次世界大戦に至る歴史を「日本人」あるいは「わが国」の歴史と読んでいたはずだ。吉田がそのつもりで執筆していたかどうかは定かでないが、彼がここで改めて何のためらいもなく「日本人」を再定義することができたのは、これがまさに彼にとって所与の前提となっていたからだろう。

そして、わたしは、牛乳を飲んで「日本人」になったというこの奇妙な物語が、戦後の日本においてある程度広く共有されていた民衆の潜在意識ではないか、と考える。なぜならば、この意識は、昭和天皇の「人間宣言」（一九四六年一月一日）と「地方巡幸」（一九四六年–四七年）が、敗戦の責任を押しつけることも可能だったはずの天皇を再び民衆に熱狂とともに近づけた（というよりはむしろ民衆との近さを確認させた）こと、また、敗戦後の混乱のなかから、「経済的に欧米人と渡り合える日本人」という自己意識が芽生えることと通底しているからだ。吉田が、日本人の身長の低さに劣等感を抱き、そこからの脱却を牛乳による食生活の欧米化に託していることも、この文脈から理解できるだろう。そして、天皇をはじめとする「高貴な人々」の薬であった牛乳が一九六〇代に爆発的に日本で普及したという事実は、そういった「西欧文化」と日本の「伝統文化」のねじれのうえに一九六〇代以降の国民意識が形成されたことと無関係ではなかった。

本稿がいささかでも一九六〇代日本の雰囲気を伝えるとするならば、「性」と並んで最も私的な領域にあったしいまも基本的にそうである「食」に、「ずっと以前から日本人であること」と「これから新しい日本人になること」という二つの相反する課題が日本の民衆に網の目のように覆い被さるときの、軋みのようなものにすぎない。あるいは、これまで論じられ蓄積されてきた敗戦後の「日本人論」を、食のレヴェルから問い返すことといってもよいだろう。

酪農ブーム

繰り返しになるが、日本は乳食文化圏でない。日本やアジア、アフリカの一部が乳食文化圏の外におかれた理由として、足立達は『ミルクの文化誌』（東北大学出版会、一九九八）のなかでつぎの四点を挙げている。

第一に、人畜に対する疾病の影響。湿度の高い地方では、疫病を媒介する動物が多く生息し、人畜ともに住むのが困難であったという理由である。

第二に、乳用家畜用の飼料確保の困難。ユーラシア大陸の一部、メソポタミア、ヨーロッパと異なり乳食文化が発達しなかった地域の多くは、水田耕作文化圏である。「大面積が必要で粗放的なムギ作と違って、集約的なイネの水田耕作にとって犂は必須でなかったため、水稲作への犂の普及は遅く、また、牛耕から〔より飼料を必要とする〕馬耕への畜力転換もいちじるしく遅れた。たとえば、日本での馬耕の導入は明治二〇年代の初期であった」（足立、前掲書）。それに加えて、高温多湿のモンスーン地帯の野草は、飼料としては不良であった。つまり、水稲作の文化圏では、役畜用に牛を飼ったとしてもそもそも牛を飼う飼料が確保できないうえに、飼えたとしても役畜用としてのみ利用し、雌牛を畜力として用いず牛乳生産のためだけに牧場で飼うことは非常に困難なのである。

表1　牛乳・乳製品の生産（1955-75年）

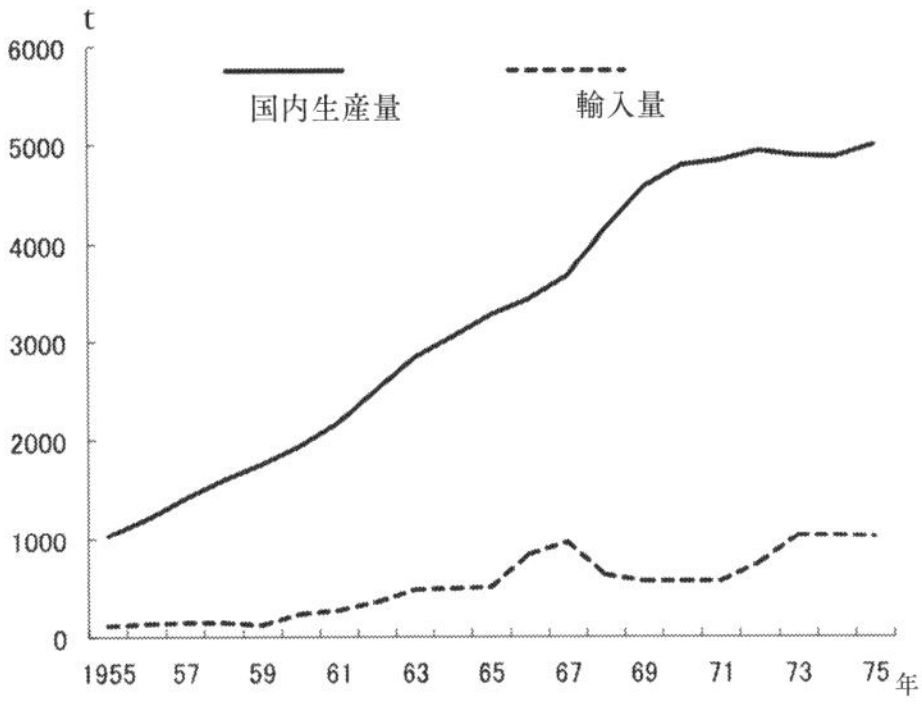

出典：農林水産省総合食糧局『食料需給表』
昭和43年度および平成16年度

第三に、動物乳を飲むことのタブー視である。もちろん、こうした宗教的タブーは、もともと酪農が存在しなかったところで生まれた可能性も否定できない。

第四に、飲乳時の不快感。下痢、吐き気、腹部におけるガス発生などの腹部症状のことである。これは乳食文化圏以外の住民に多いのだが、その住民の多くは、ラクトース（乳糖）不耐といって、乳製品のなかに含まれる乳糖を分解する酵素が少ない（もしくは不活性である）ために、そのような不快な症状を起こす。

　このように、日本人には牛乳摂取を阻害する壁が何重にも存在していた。その厚い壁が崩れはじめたのがまさに一九六〇代であった。たしかに、一九九七年現在の一人当たりの牛乳消費量のデータを見てみると、フランスが三六八キログラム、デンマークが三六五キログラム、オーストラリアが三〇八キログラム、イギリスが二八二キログラム、アメリカが二五四キログラムである一方で、日本は九三キログラムにすぎない（伊藤宏『食べ物としての動物たち』講談社、二〇〇一）。だが、表1および表2に明らかにように、一九五五年から一九六八年にかけての牛乳生産量と消費量の増加は急激である。

また、牛乳の普及は政府の方針でもあった。たとえば、池田勇人内閣が唱えた「所得倍増計画」のプロトタイプである経済企画庁の『新長期経済計画』（一九五七）第二部「計画の内容」第九章「食糧構成の変化と農水産業の発展」には、「食糧構成の高度化」としてつぎのような文章が書かれていた。

近年国民の食糧の需要構造は緩慢ながら確実な変化を示しつつある。国民全体として食生活のある程度の充足がみられるようになつてから、いわゆる消費の高度化が進み、主食とくに穀物を中心に栄養をとつていたのが、副食の割合が高まり、しかも動物性食品から蛋白質を多量にとる型への転換が目立つて来ている。

そのうえで、牛乳についてもつぎのような期待を述べている。

今後の見通しにおいてもこの傾向は相当急速に進むものとみられ、国内生産でこれに対応しきれない向《むき》もあるが、国民一人当りの大豆、果実、肉類、牛乳、乳製品、けい卵〔鶏卵〕、食用油脂及び砂糖の消費は昭和三七年度にはいずれも三一年度の平常状態〔……〕より二〇%以上、とくに牛乳、乳製品は七七%の増加となる見込みである。〔……〕このような方向への構造変化は、将来の国民栄養改善の観点からも望ましいものである。

実際は、一九五六年から一九六二年のあいだに、一人あたりの年間牛乳・乳製品消費量は一三・九キログラムから二八・四キログラムに上昇したわけだから、「七七%の増加」という見込みをはるかに超えて、一〇四・三%も増加したことになる。また、政府は、酪農三法

表２　牛乳・乳製品の生産と消費（1955-75年）

年	国内生産量（t）	輸入量（t）	1人・1年あたりの消費量（kg）
1955	1031	116	12.1
56	1199	132	13.9
57	1412	146	16.2
58	1597	145	17.9
59	1764	119	19.4
60	1939	237	22.2
61	2180	276	24.9
62	2526	357	28.4
63	2837	481	32.8
64	3053	486	35.4
65	3271	506	37.5
66	3431	841	41.7
67	3663	964	43.3
68	4140	629	45.1
69	4575	568	47.3
70	4789	561	50.1
71	4841	569	50.7
72	4944	746	51.7
73	4898	1032	52.6
74	4876	1038	51.8
75	5008	1016	53.6

出典：表１に同じ

と呼ばれる酪農振興の法的整備も進める。酪農振興法（一九五四）、「畜産物価格安定法」（一九六一）、そして「加工原乳生産者補給金等暫定措置法」（一九六七）である。濃厚飼料の輸入、畜舎の近代化、冷蔵技術の革新、流通の整備（地方の末端の商店まで牛乳店として契約する）、常温で保存可能なテトラパックの発明など、一連の技術革新が牛乳の普及を促進したことも忘れてはならない。

雪印王国の勃興——デンマークからアメリカへ

日本全国の牛乳生産量の上昇を牽引したのは、以上のような政府の酪農振興政策のほかに企業の努力があった。その企業とは、北海道札幌市に本社を持つ雪印乳業株式会社（以下、雪印）にほかならない。乳業御三家（雪印、明治、森永）のなかでも突出した資本と人材で日本の乳業の発展に多大なる貢献を果たした。

その前身「有限会社北海道製酪販売組合」が設立されたのは、一九二五年五月十七日。組合長理事は、宇都宮仙太郎、専務理事は黒澤酉蔵《とりぞう》である。宇都宮と黒澤は、両者とも酪農をやろうと「内地」から北海道にやってきた植民者であった。

このころ、北海道は、第十六代北海道庁長官・宮尾舜治の「北海道を以て本邦のデンマークとなさざるべからず」（一九二一年五月）という言葉にみられるように、「内地」のような水稲と繭中心の農業ではなく、「畜牛、輪作、甜菜」を軸にした欧米型の農業合理化の実験が進められていた。「内地」とくらべて冷涼な気候と地味の悪い土壌を持つ北海道では、畜糞を肥料として地力を増強させる必要があり、こういった北海道が目指すべき目標としては、気候や土壌の条件が悪く、大国中心の自由主義的貿易体制に絶えず圧力をかけられるにもかかわらず畜産の奨励と農民の教育によって抜群の生産力を誇っていたデンマークが、もっともふさわしかった。

とりわけデンマークの教育体制は、北海道に限らず「内地」の農政官僚や農学者の心も捉え、デンマークに渡る留学生が増えた。たとえば、このなかには、のちに満洲移民の牽引役として政府や財界に働きかけた加藤完治、橋本傳左衛門、那須皓《しろし》等がいた。帰国したかれらをはじめ、日本の農政官僚や農学者たちは、資本主義でも社会主義でもないデンマークを日本の目指すべきユートピアであると考えた。それゆえ、一九三二年三月に「建国」された「満洲国」も、しばしば「デンマーク」と形容されたのである。これが「本邦のデンマーク」という言説が生まれる歴史的文脈である。

「北海道製酪販売組合」もまた北海道を日本のデンマークにすべく、酪農家たちが資金を出し合って作った販売組合であった。戦後、朝鮮戦争の特需で牛乳需要が急上昇し、全国展開に成功した。社名も雪印に改め、酪農家からの集乳、流通、加工、末端の牛乳販売店

図1　クローバー・バターの新聞広告（『雪印乳業史』第2巻、同編纂委員会編、雪印乳業株式会社、1961年）

までを網羅する大企業に成長したのである。

ここで興味深いのは、『牛乳と日本人』の著者も深く関わっていた雪印の広告戦略である。とりわけテレビのCMの質は高く、カンヌ国際広告映画祭で何度も受賞し、国際的にも評価された。

重要なのは、広告から「デンマーク」の姿が消え、代わりに「アメリカ」が理想郷として頻繁に出てくるようになった点である。たしかに、雪印が吸収したクローバー乳業のバターの広告（一九五九）には、まだ図1のように「日本のデンマーク／北海道の味がする」というキャッチフレーズが残っている。しかし、これ以降の理想郷は、デンマークからアメリカへとシフトするのである。たとえば、雪印のマーガリンの広告で、当時「八頭身美人」のファッションモデルとして活躍していた伊藤絹子（ミス・ユニバース三位）に、雪印はつぎのように語らせている。

図 2　雪印チーズシリーズ広告、1963-65 年（『雪印乳業史』第 3 巻、同編纂委員会編、雪印乳業株式会社、1961 年）

アメリカに参って、バターやミルクを沢山いただくくせをつけて帰りましたので、日本のバターもそのつもりでペロペロたべて、いさゝか経済恐慌をきたしておりました。そこえ《（ママ）》、おいしい雪印ネオマーガリンの出現で全く救われた思いです。お金持ちのアメリカでも、一般家庭では皆さんマーガリンの愛用者です。これから私も雪印ネオマーガリンの愛用者になる考えです。

マーガリンのみならずバターの消費を促すものとして、この広告を読み解く必要があるだろう。欧米型の体型をもつ伊藤絹子の、アメリカでバターを「ペロペロたべて」いたという言葉には、消費者をアメリカ型の食生活へと変えていく戦略も垣間見られる。もしくは日本の食を、普遍的《ユニバーサル》（欧米中心的）な食に変えていくという雪印の自負も見逃せない。そして、「お金持ちのアメリカ」という理想郷を、多くの日本人女性にとって理想のプロポーションを持つ「八頭身美人」を介して語らせるところに、牛乳・乳製品の販売のため、日本人の食生活自体の「アメリカ化」を提案する雪印の大胆な戦略をみることができるだろう。それは、図2のように、乳製品をふんだんに用いた料理の写真をアップで写す手法にもみられる（『栄養と料理』誌掲載の広告、一九六三年－六五年）。牛乳と乳製品による食卓のプロデュースである。

雪印は、牛乳やアイスクリーム、バターやチーズばかりでなく、まさに日本人の食生活の「スタイル」も売っていた。しかも、欧米型のスタイルである。満洲国建設に多大な貢献をしながらも、一九五七年に首相となって日米安全保障条約締結を実現した岸信介が体現しているように、満洲国という「デンマーク」が崩壊したあと、そこで果たせなかった事業をアメリカと手を結んで果たすという一九六〇代日本の課題を、雪印は、広告では戦前の「デンマーク」の代わりに「アメリカ」という準拠枠を用いることで解決してみせたのである。

かつて協同組合方式をとっていた雪印がユニバーサルな大企業へと変貌を遂げた一九六〇代、マーケティング戦略において、もはやデンマークは理想郷とするには時代錯誤であった。それはちょうど、資本主義のシステムから距離をとることで良質の牛乳と乳製品を消費者に届けるというデンマーク式の理念が、次第に市場に対応せざるをえなくなったプロセスであり、また、日本農業が一九三〇年代の「窮乏の農村」イメージから脱皮し、一九六一年の農業基本法に基づいて近代化を実現していく過程とも呼応している。

しかし一方、これが直ちに戦前からの国策（「デンマーク化」）を雪印が完全に捨て去ったことを意味しない。むしろその逆である。初期雪印のリーダー・黒澤酉蔵もまた満洲国で北海道式の「有畜農業」を普及しようとして「循環農法」を唱えていた「満洲組」のひとりであった。

「循環農法」とは、化学肥料の使用を拒否し、自然の循環のなかで農業を営むことを目指すもので、有機農業の先駆的な試みとして位置づけられる。黒澤はまた、新聞のコラムなどで、一九六〇代においても常に「デンマーク」へのこだわりを隠すことはしなかったし、かつて田中正造に師事したときから抱きつづけた文明批判と自然破壊への警告を引っ込めることもしなかった。一九七二年三月、黒澤はつぎのように述べている。「国土汚染の横綱格は農薬である」「化学肥料と農薬の過用によって営む日本の農業は、農業の鉄則を踏みにじった邪道農法」(『反芻自戒』黒澤酉蔵先生米寿祝賀委員会、雪印乳業株式会社、一九七二年)。

それとともに、彼の熱狂的な皇室愛と愛国心もまた、戦前から一貫して変わることがなかった。いわく「真の愛国心とは、自国をして国際場裡に世界道義を敢然と行わせること」(一九六四年八月)、「世界戦争という大失敗もあったが、大局からすれば、天皇を中心とした統一民族の潜在的底力が発露した」(一九六四年九月)、「天皇と国民の関係は他民族にみられぬ温かい美しい面である」(同上)、「天皇は日本国の象徴であるという日本国の定めは、日本民族の歴史的成長を端的に表現したもの」(一九六四年十月)。

札幌市にある雪印乳業の見学施設三階の歴史資料展示室に行けばよくわかるように、同社には多くの皇族がしばしば見学に訪れているし、子供遊戯場の建設など雪印の慈善事業の開会式にもほとんど列席している。雪印と皇室の関係の深さは、そのまま吉田豊の『牛乳と日本人』の歴史観に反映されている。そもそも乳食文化圏ではない日本に牛乳を普及させるためには、乳食の「伝統」を創出する必要があった。アメリカから輸入された脱脂粉乳ではない日本の牛乳。それに根拠を与えたのが「天皇」と、そして皮肉なことに「アメリカ」だったのである。

「米と繭」から「米と牛乳」へ

以上のように雪印乳業の足跡を見てみると、日本近代史において牛乳の占める位置は決して狭くない。天皇制という「伝統」を軸に「アメリカ」を受け容れるという矛盾並列的な事柄が併存する日本の特異な状況が（それは現在に至るまで基本的に変わっていない）、牛乳というひとつの食品に深く影を落としていることがわかるであろう。それどころか、牛乳を飲んだりバターやチーズを食べたりすることが、日本人の体質のみならず、欧米化された「新」日本人の誕生へと心身ともに変えていくことに、より精確にいえばそのように変えていくという物語を信じさせることに、貢献していた。一九六〇代、牛乳は小さな紙パックや瓶に詰められて大量に出荷され、一般民衆に普及しはじめたのである。

さて、以上のような物語は、一九六〇代に相次いで建設された「新農村」によってさらに補われた。

米と繭の値の暴落がもたらした一九三〇年代の農村・農民の困窮状況を打開すべく、朝鮮人農民がすでに耕していた中国東北部（満洲）の水田地帯を中心に分村移民が行なわれたように（移民に最も熱心だったのは日本一の繭生産量を誇っていた長野県だった)、戦後の日本農村・農民のアイデンティティ危機を克服すべく一九六〇代に完成したのが、秋田県の八郎潟埋め立て地、大潟村であり、北海道の根釧台地に世界銀行の融資によってできた「根釧パイロットファーム」であった。すでに米と牛乳の余剰が社会問題になっていた最中であるにもかかわらず、こうした大規模実験モデル農村が二つ完成したことを、「狭い国土=日本」から脱却したい、大型農機具を導入したアメリカ式農業を行ないたい、という一九三〇年代日本の夢が、一九六〇代の日本国内で昇華した、と捉えることも可能だろう。それによって、『米と繭の経済構造』(山田勝次郎、一九四二年)と『米と牛乳の経済学』(大島清、一九七〇年)という岩波書店からでた二冊の本が象徴しているように、一九六〇代、日本農業の牽引役は「米と繭」から「米と牛乳」へと移行した。

これは、そのまま大潟村(米)と根釧パイロットファーム(牛乳)という実験農村にも投影されている。それと関連するように、天皇家の祭事において、「稲」は天皇が刈り、「繭」は皇后が紡ぐという「伝統」に揺らぎが生じる。天皇家と繭の関係は、天照大神が養蚕を保食神《うけもちのかみ》の死体から生まれた穀物や蚕を高天原に持って来させ、その蚕の繭を口に含んで糸を紡ぎ、雄略天皇の世に皇后・草香幡梭姫《くさかのはたびひめ》が養蚕を奨励するために宮中で蚕を飼育したという『日本書紀』の神話、いまなお宮中の紅葉山御養蚕所で皇后が養蚕をすることなどに顕著に現われている（伊勢市の神宮農業館も基本的にこの図式にのっとっている）。人工繊維の急速な発展とともに「繭」が没落すると、代わりに繭ほどではないにせよやはり天皇家と深い縁のある「牛乳」が、「日本の農作物」の代表のひとつに格付けされるのである（ただし、皇后の象徴ではない）。

天皇が記号《シンボル》であるためには、シンボルをシンボルたらしめるシンボルもまた不可欠である。なぜなら、シンボルは、ただそれだけでシンボルになるのではなく、シンボリックな関係性のなかではじめてシンボルとしての正当性を得られるからだ。象徴天皇であるためには、象徴天皇を象徴するものも絶対におろそかにしてはならない。稲、菊、天皇誕生日、硬式テニスとならんで、天皇が毎日飲む牛乳もまた、民衆にはほとんど意識されないが潜在的に根づいているシンボルとなったのである。牛乳が白い液体であり、そのイメージが純粋無垢であるのも幸いしたに違いない。

だから、つぎのように言うことも可能だろう。一九六〇代以降、牛乳はもはや単なる食品ではない。牛乳は「記号」として日本社会に深く根づくのだ。「牛乳を飲むと身長が伸びる」という伝説が、別の言い方をすれば「欧米人に負けない身体になる」という物語がけっして廃れないことも、牛乳の記号化の一側面である。さらにいえば、天皇と深い関係を持つ雪印が、食品の安全管理にルーズであったことが明るみにでても（これは雪印だけの問題かどうかは検討の余地がある)、やはり雪印ブランドとしていまなお信頼を失っていない事実も、天皇ブランドがいまなお影響力を失わない事実とちょうど同じように、牛乳という商品がどれほどナマの食品性を排除された「記号」であるかを裏付けている。

ここでわたしが用いている「記号」という概念は、J・ボードリヤールの消費社会論を参考にしている。ボードリヤールは、工業国で隆盛した一九六〇年代の消費社会を背景に、一九七〇年に『消費社会の神話と構造』を刊行した。その意味で一九六〇年代論として読むことも可能だ。彼は、自動車、電気洗濯機、衣服などを例にあげながら、「モノを単なる有用性としてではなく「記号」として把握する」消費社会像を描き出したが、これを一九六〇年代の日本に当てはめた場合、自動車やテレビと並んで、食品の存在を無視してはならないだろう。とりわけ牛乳には、欧米へのコンプレックス、ナショナルな意味づけ、そしてアメリカとの同盟が刻印されることに、商品としてふるまうことが結合する、という日本社会の特異性(劣等感の駆り立てによって資本主義と国家を結びつける性質)が色濃く映っている。そして、記号に首座を奪われた食は、もはや家畜の飼料と同等のものでしかない。「大量生産と大量消費」「質よりも量」「均質で安価」という飼料供給の論理が人間の食に違和感なく適用される。まさに食の分野における「人間の自己家畜化」現象が決定的となった、といってよいだろう。

もともとは一九二〇年代にドイツの人類学者が提唱したこの概念を、ナチス・ドイツにおいて文明批判にまで発展させ、一九七三年に『文明化した人間の八つの大罪』で昇華させたのは、動物行動学者のK・ローレンツであった（この本も一九六〇年代論として読むに堪えうるものだ）。「人間の文明化も動物の家畜化と同様の経過をたどる」という自己家畜化の予言は、人間の遺伝的退化を防ぐことを目的とする優生学と結びついたのだが、この予言が実現したのは、皮肉なことに「第三帝国」が崩壊したあとだった。

こうした転換は、近代における時代の変わり目ではなく、記憶にとどめるべき人類史の大転換として捉えるべきかもしれない。人間の生命が厩舎に詰め込まれた家畜のように管理・維持されること。これは、食の記号化と表裏一体の関係にある。その点、戦後日本の本格的な牛乳史が家畜の飼料である脱脂粉乳から始まるのは象徴的である。

牛乳は、タンパク質、炭水化物、脂肪、カルシウムなど豊富な栄養素を含有し（「完全食品」と呼ばれるのはそのためだ）、しかもいちいち雌牛を殺すことなく、一定の期間ではあるが栄養を摂取しつづけられる人類史上極めて稀な食品であり、人間と動物の共生を体現した農耕文化の真髄である。だが、この食品を、戦後の日本人はどれほど深く味わってきただろうか。栄養の改善、体型の「向上」（背が高くなることが本当に「向上」なのかは別として）、食生活の多様化など、たしかに日本人は牛乳という未知の飲み物に多くの恩恵を被ってきた。ただ、それが、「デンマーク」ならぬ「アメリカ」を規準としたうえで「立派な日本人になる」というナショナルな物語でもあったならば、今日の「食の荒廃」という現象、つまり「食の記号化と飼料化」は、いまにはじまったことではない。

ファミリーレストランにせよ、ファストフード店にせよ、あるいは、宅配ピザにせよ、回転寿司にせよ、強制的均質化《グライヒシャルトゥング》された舌を持つ人間たちが大量に消化し、大量に廃棄しているものは、食というよりはむしろ記号である。「お肌つやつや」「血液さらさら」というような言葉がスーパーマーケットには氾濫し、「焼きたてパン」と記されている多くのパン屋のパンが冷凍の生地から作られている。そうした環境にあるわたしたちにとって、いまや食は味覚や食欲を満足させる類のものではない。多くの食品からその華やかなパッケージと属性、そして物語を剥ぎ取ったときに、それは食としてどれほど独立した存在だろうか？

現在ほどファストフードが普及していなかった一九六〇年代、しかし、日本の「食の荒廃」と「自己家畜化」の序曲は、「象徴天皇の倫理と資本主義の精神」によって、すではじまっていたのである。

（…………………………富永茂樹編『転回点を求めて』所収、世界思想社、二〇〇九年三月）

あとがき

本書は、二〇〇四年から二〇一四年までさまざまな媒体に書き散らした論考をまとめたものである。あらためて読み返しながら、ただ自分の非力を哀れむだけであったが、エッセイ集を読んでみたいという奇特な友人たちの言葉に背中を押され、ついに清水の舞台を飛び降りることにした。原則として、内容、文体、構成はほとんど変えず、誤字誤謬だけを訂正した。

本書に収められた諸論考のほとんどは、「複製技術時代」に人びとが生きものを食べたり育てたりする行為が、どのような変化を遂げ、どのような可能性を持っているかについて、貧弱な脳細胞を酷使した記録である。一方で、さまざまな人と出会い、共に食べ、共に考えた記録でもある。「地球にやさしい戦車」にはがきでコメントをいただいた山田さん、「フードコート」で一緒に食べながら調査をした立教大学の松村圭一郎さんとその学生、仕事に忙殺される合間に酒と肴を囲みながら拙論の感想を伝えてくれた同僚や友人、それぞれの原稿をご依頼いただいたみなさんに御礼を申し上げたい。

一つだけ掲載したインタビューは、東日本大震災から半年後のものである。居酒屋談義の域をでるものではないが、時代の暗い空気に背中を押されるまま、収録することにした。ご叱正いただければ幸いである。

拙著『ナチスのキッチン』の編集者である下平尾直さんに、今回も引き続きお世話になった。新しい出版社を立ち上げた下平尾さんの航海が少しでも穏やかであることを祈りつつ、筆を措きたい。

二〇一四年四月

藤原　辰史

藤原 辰史

FUJIHARA Tatsushi

京都大学人文科学研究所准教授。専攻は農業思想史、農業技術史。一九七六年、北海道に生まれ、島根県に育つ。京都大学人間・環境学研究科博士後期課程中途退学。博士（人間・環境学）。

著書に、『農の原理の史的研究』（創元社）、『縁食論』（ミシマ社）、『分解の哲学』（青土社、第四一回サントリー学芸賞）、『給食の歴史』（第一〇回辻静雄食文化賞）、『トラクターの世界史』（中公新書）、『食と農業と戦争』（集英社インターナショナル新書）、『［決定版］ナチスのキッチン』（共和国、第一回河合隼雄学芸賞）、『稲の大東亜共栄圏』（吉川弘文館）、『カブラの冬』（人文書院）、『ナチス・ドイツの有機農業』（柏書房、第一回日本ドイツ学会奨励賞）など多数がある。

食べること考えること

散文の時間　［歴史／生活文化］

二〇一四年 六 月二〇日初版第一刷発行
二〇二二年 二 月 一 日初版第五刷発行

著者　藤原 辰史

発行者　下平尾 直

発行所　株式会社 共和国 editorial republica co., ltd.
東京都東久留米市本町三-九-一-五〇三　郵便番号二〇三-〇〇五三
電話・ファクシミリ 〇四二-四二〇-九九九七　郵便振替〇〇一二〇-八-三六〇一九六
http://www.ed-republica.com

印刷　モリモト印刷

装釘　宗利 淳一

本書の内容やデザイン等へのご意見やご感想は、以下のメールアドレスまでお寄せください。　naovalis@gmail.com

ISBN978-4-907986-01-8